心理學講座

高等心理功能及其在兒童期的發展

羅亦超◆譯

Лекции по Психологии

Лев Семенович Высотский

Издательство «Союз»

羅亦超

北京師範大學心理學系畢業，華中師範大學教育學碩士，在莫斯科列寧師範大學矯正教育學系學術訪問一年，現任教於華中師範大學教育科學學院。

主要譯著：「物理學史和中學物理教學」（〔蘇〕B・杜科夫著，湖北教育出版社，1991），「睿智的父母之愛」（〔蘇〕B・蘇霍姆林斯基著，河北人民出版社，1999；台灣三思堂，2002）。

　　列夫·謝苗諾維奇·維高斯基（Лев Семенович Выготск
ий，1896-1934）是著名的蘇聯心理學家、高等心理功能發展的
文化——歷史理論的創始人。維高斯基離世已經整整七十餘年，
他的學說卻依然充滿活力，積極影響著現代心理學的發展。

　　維高斯基生長在白俄羅斯的一個猶太人家庭，父母都是很
有教養的人，喜好讀書，懂得好幾種外語。濃郁的家庭文化氛
圍使維高斯基從小就懂得關愛人，關愛兒童，對人類文化產生
了濃厚的興趣。在家接受完初等教育後，維高斯基直接考入中
學。詩歌、文學、戲劇和哲學是他最喜愛的科目，在其他學科
也顯示出不平凡的才能。除了在學校學習德語、法語，他還在
家學習希臘語、希伯來語、拉丁語和英語，這為他以後廣泛閱
讀創造了極為便利的條件。1913年維高斯基考入莫斯科皇家大
學醫學系，幾周後轉到了法律系。從1914年起，他又在莫斯科
沙尼亞夫斯基人民大學歷史暨哲學系學習。他廣泛而貪婪地閱
讀，涉獵的領域包括語言學、社會學、心理學、哲學和藝術領
域。大學生活對維高斯基世界觀和科學思維方式的形成有極大
影響。對文學和哲學課程的學習，對哲學遺產的研究，激發了
維高斯基對心理學的興趣，也決定了他今後的命運。對此他後
來寫道：「還在讀大學時我就開始了心理學的科學研究，之後
我從來沒有中斷過這項工作。」

　　1917年維高斯基同時從上述兩所大學畢業，回到家庭所在

地白俄羅斯的戈梅利市（Гомель），在一所中學任文學教師，並在師範學院和教師訓練班講授邏輯學和心理學，在音樂學院講授美學和藝術史。在戈梅利，維高斯基還主持省國民教育局戲劇部的工作，創辦文學雜誌，發表文藝評論，做各種藝術、文學、科學問題的報告。他廣泛的興趣、在許多科學與藝術領域的博學，以及百科全書式的知識使聽眾震驚。很多年以後，許多聽眾還記得他關於愛因斯坦相對論的報告。維高斯基對心理學研究依然興趣盎然。他在戈梅利師範學院成立實驗室，對正常兒童和異常發展兒童進行了許多次的實驗研究。1924年，維高斯基在全俄精神病學代表大會上首次報告了自己的三項實驗成果，引起與會專家的極大興趣。會議一結束，他就收到莫斯科實驗心理學研究所的邀請函，於當年轉到莫斯科工作。從此維高斯基開始了他在心理學方面的系統研究，直到1934年6月因病去世。

維高斯基在莫斯科的研究工作是與人的意識問題聯繫在一起的。維高斯基反對任何將意識從心理學研究領域排除的企圖，他指出，意識是高度組織起來的物質——腦的功能，辯證唯物主義不否定意識的實在性，也不否定對它進行嚴格客觀的、因而也是科學的研究的必要性。唯物地解釋意識，借助客觀的方法研究意識，是心理學的一項重要的任務。與意識問題緊密聯繫的是高等心理功能問題，自然而然，人的高等心理功能問題也就成為維高斯基科學興趣的中心。圍繞這個中心，維高斯基研究心理學與哲學的相互關係，研究俄羅斯和外國心理學的各個流派，在學生和同事魯利亞（А. Р. Лурия）、列昂節夫（А. Н. Леонтьев）的協助下，在發展心理學、教育心理學、特殊兒

童心理學、特殊兒童教育學以及精神病理學等領域開展一系列
卓有成效的研究，創立了高等心理功能社會歷史起源的理論，
成為上個世紀二十至三十年代蘇聯最有影響的心理學家之一。

　　有西方學者認為，維高斯基的研究始終朝著兩個主要目標
進行：一個是創建馬克思主義心理學，解決心理學的基本理論
問題；另一個是用先進的理論幫助兒童，特別是幫助有身體殘
疾或心理障礙的兒童（見 L. E. Berk & A.Winsler 著，谷瑞勉譯
《鷹架兒童的學習》，心理出版社，1999 年）。這個看法是有
道理的。事實上，維高斯基一到莫斯科，就被任命為俄聯邦人
民教育委員會身體缺陷和智力落後兒童教育部主任，他整個莫
斯科時期的工作都和異常兒童聯繫在一起。應該看到，維高斯
基在這兩個方面的研究活動是緊密聯繫，相輔相成的。心理發
展的文化歷史理論指導對異常兒童的研究，而在異常兒童研究
領域的豐碩成果，又為歷史文化理論提供了堅實的科學依據。
高等心理功能社會歷史起源理論的創建是向著第一個目標努力
的結果，而維高斯基在異常兒童教育領域做出的巨大貢獻，使
他成為蘇聯現代特殊教育理論和特殊教育制度的奠基人。1995
年，他在這個領域的全部研究成果以《缺陷學問題》為名在莫
斯科結集出版。在俄文中，缺陷學（дефектология）是異常兒
童心理學、生理學、病理學、教育學等學科的總稱。

　　《心理學講座》是維高斯基闡述自己心理發展社會歷史起
源理論的主要著作之一。1932 年，維高斯基以高等心理功能及
其在兒童期的發展為主題，在彼得堡為蘇聯心理學家做了一次
系列講座，《心理學講座》即是這次講座的講稿。全書共有六
講：知覺、記憶、思維、情緒、想像、意志。維高斯基文化歷

史理論的一些主要觀點，比如：高等功能是在人類文化發展過程中由低等功能變成的，在個體發育中，高等功能是兒童一定發展階段的產物；利用中間環節，亦即利用某些輔助性操作是高等心理功能發展的特點，在所有能從質上改變基本心理功能的心理工具中，詞是最重要的；每一高等心理功能本身也包含著其他一些功能，某一心理功能的發展不僅僅是也不主要是該種心理功能本身的結構在發生改變，更重要的是它與其他功能之間的相互關係（即功能系統）在發生改變，在功能系統中思維處於主導地位；言語思維是具有多種性質的複雜的形成物，言語思維的位相方面和意義方面是十分複雜的統一活動的兩個方面，它們心理性質不同，各有自己獨特的發展曲線，只有認識了這兩條發展曲線的相互關係，才能正確解釋每一年齡階段的兒童在言語和思維方面的發展狀況；兒童在言語語義方面的發展和他在言語位相方面的發展，不僅不是像兩面鏡子一樣相互映照，而且在某個方面甚至背道而馳等，貫穿每一講。每一次講演，維高斯基都從回顧不同流派對某一高等心理功能的結構、發生、發展的不同認識開始，通過分析派別之爭的焦點和各個學派的對錯得失，顯現科學認識的歷史道路，既探討一般理論，又分析事實材料，深入、生動、明晰、系統地闡述了自己的學術思想。書中涉及到哲學、心理學、教育學、精神病學及神經病理學等多個學科領域六十多位學者的思想和研究成果，充分展現了維高斯基心理發展與社會歷史起源理論的廣泛而堅實的學術基礎。

維高斯基十分擅長演講。他的學生和同事回憶說：「他雄辯的才能、沈著鎮靜但充滿創造思想、合乎邏輯流利生動的語

言，能夠一連幾個小時地吸引聽眾。他的講座和報告是隆重的科學節日，吸引著最不同知識領域的大量聽眾」。《心理學講座》印證了這種評價。

本著作曾收入維高斯基文集《高等心理功能發展》（俄聯邦教育科學院出版社，1960 年）和《維高斯基文選》第六集（莫斯科教育出版社，1982 年）。本書根據聖·彼得堡聯盟出版社 1997 年出版的單行本翻譯，未作任何刪節。需要說明的是，因為是講演稿，原著中所有提到的人物都沒有注明生卒時間，外國學者也都只有俄文譯名。現譯稿中附上的人物生卒時間及英文名，絕大部分是從《缺陷學問題》俄文版的人物索引及注釋中查到的，少數是通過詞典或其他書籍查到的。還有幾個人物的資料沒有查到，他們的名字只好根據俄文音譯，再附上俄文原文。此外，譯稿中一些術語附上了俄文原文。譯者認為這樣處理對讀者，特別是對懂得俄文的讀者比較公平。因為儘管譯者反復推敲，十分謹慎，但是很難說對每個術語的翻譯都非常貼切，附上原文，讀者就方便多了。

心理出版社前任總編輯吳道愉先生促成了本書中文版的問世，為避免兩岸用語不同給臺灣讀者造成不便，邱上真教授審閱了全書的中文譯稿，總編輯林敬堯先生以及前後幾位編輯也為此書的出版付出辛苦，譯者在此一併致謝。維高斯基思想深邃，翻譯他的著作原本就是一件艱難的事情。儘管譯者不敢有半點馬虎，但囿於學識，還是難免會有疏漏甚至謬誤，還希望各位讀者不吝指教。

羅亦超

目 錄

第一講

知覺及其在兒童期
的發展

我 今天演講的題目是兒童心理學中的知覺問題。你們自然知道，現代心理學的任何一章都不像「知覺」一章這樣，在最近的十五至二十年裡被徹底地更新一番。你們也知道，新舊學派的代表人物在知覺領域以實驗方式進行的交鋒，比在其他所有領域都更加地尖銳和激烈。結構論（структурное направление в психологии）在任何領域都沒有像在知覺領域這樣，使新的觀點、新的實驗研究方法與舊的聯結學派（старое ассоциативное направление в психологии）如此針鋒相對。因此，現在要是說到具體、實際的內容、說到實驗材料的豐富性，那麼可以說知覺一章被研究的充分程度，是實驗心理學中其他任何章節都難以比擬的。

這種變革的實質你們大概也是知道的，但我還是想簡要地講一講。

在「聯結論」（ассоциативная психология）看來，觀念聯合的規律，是使心理生活的個別成分相互連接的最基本的、普遍的規律；根據這個規律，記憶是主要的機能，而其他所有的機能都按照記憶的樣子組織起來並被人所理解。因此，聯結論把知覺解釋為連接起來的各種感覺的總合。它假定單個的「觀念」或者「回憶」彼此聯合、連接，組成穩定的記憶畫面，那麼，遵循同一個規律，單個的「感覺」也通過聯結的方式組合起來，形成知覺；知覺是單個感覺的和。對於知覺的「凝集性」（связность）從何而來的問題，聯結主義學派就是這樣回答的。

我們究竟用怎樣的方式，把一些來自不同感官、分散、單個的點，知覺為物體的完整輪廓？我們又是用怎樣的方式領悟

這些物體的意義？聯結學派的心理學家們提出了這樣的問題並且回答說：知覺凝集性產生的方式與記憶凝集性產生的方式相同。單個的成分彼此連接、連掛、聯合，以這樣的方式，就產生了統一的、相互聯繫的、完整的知覺。大家知道，如果談論的是視知覺，這個理論就假定：視網膜上分散的、單個的、等值的點，彙集成和物體形狀相同的圖形，這就是連貫、完整知覺的生理學的「相關器」（коррелятор）。它假定眼前的物體用自己的每一個點刺激視網膜上相應的點，引起興奮，中樞神經系統累加所有這些興奮，於是形成興奮的複合體，這個興奮的複合體就是這個物體的「相關器」。

　　這種站不住腳的知覺理論成了否定聯結論的起點。可見，聯結論最先受到攻擊的領域並不是自己的主要領域，也就是說，不是其記憶學說領域。直到現在，結構論對聯結主義固守的這個據點的攻擊依然顯得最為乏力。確實，結構論以實驗為武器攻擊聯結的觀點，它著手證明，人在知覺領域的心理生活是有組織、整體地發生的。眾所周知，這個觀點認為，對整體的知覺先於對個別部分的知覺；我們對任何出現在眼前或耳邊的物體、現象、過程的整體知覺，都不是單個、分散的感覺在知覺中的總和；知覺的生理學基質，也不簡單就是由一個個的興奮連接而成的興奮組合。就像大家知道的那樣，結構論不僅用一系列出色的實驗證明新的觀點確實比舊觀點正確，捍衛了新觀點的科學性，而且還發現了一些新的事實。這些事實在完全不同的發展階段都能收集到，但要真正認識它們的本來面目，必須要有新的理論，即結構的理論。結構論的思想基礎是：心理生活不是由單個的感覺和表像彼此連接起來的；心理生活是由

一個個完整的「生成物」（образование）構成，這些生成物有時稱作「結構」（структура），有時稱作「形態」（образ），有時稱作「完形」（гештальт, gestalt）。這個原則也適用於心理生活的其他領域。結構論的代表人物試圖證明，在其他心理領域，心理生活的生成物也是以一個整體出現的。這些觀點在許多實驗研究中都得到非常有力的證實。

講到這裡，我想起了苛勒（Köhler, W., 1987-1967）用家養雞做的一個實驗。這個實驗表明，雞不是簡單地把兩種顏色作為相互連接的聯合體來知覺，牠所知覺的是兩種顏色之間的關係；也就是說，對光場（световое поле）的整體知覺先於對部分的知覺，並且決定對部分的知覺。組成光場的顏色可以改變，然而知覺光場的一般規律卻始終是同一個。這些實驗從低等動物做到類人猿，對兒童也做過類似的實驗，實驗證明我們的知覺是作為一個完整過程產生的。個別的部分可以改變，但知覺的整體性質卻保留了下來；反過來，構成整體知覺的結構可以改變，但是在結構改變的同時，另一個樣子的整體知覺便產生了。

我還想起了德國心理學家、完形心理學萊比錫學派的代表符克特（Г.Фолькельт, Volkelt, 1886-1964）用蜘蛛做的一個實驗，這個實驗更加令人信服地證實了我們剛才的觀點。撞在蜘蛛網上的蒼蠅發出嗡嗡聲，蜘蛛網開始震顫，這時蜘蛛對該情境的反應與實際情境是完全相符的；但是，如果研究者用手指把落到蜘蛛網上的蒼蠅拿下來，將牠直接放到蜘蛛面前，這時饑餓的蜘蛛卻好像認不出自己的食物了，牠倒退著離開了蒼蠅。符克特的這個著名實驗證明，當情境完整保留時，蜘蛛能對撞

到蜘蛛網上的蒼蠅做出正確恰當的反應；如果蒼蠅從網上掉落到蜘蛛的巢裡，蜘蛛的這種能力就喪失殆盡了。

還有一個實驗，是晚些時候由戈特沙爾特（K. Gottchaldt）完成的。戈特沙爾特反覆地向受試者出示一個複雜圖形的組成部分，直到受試者牢牢地記住它們為止。但是，如果這一個多次向受試者展示過的圖形出現在另外一個組合之中，而且這個組合的整體情境是受試者所不熟悉的，那麼在新的知覺結構中，原本熟悉的圖形就不會被認出。此外還有許多實驗，我就不一一列舉了。我要說的只是，這些實驗在動物心理學領域和兒童心理學領域都做得很多，類似的實驗對成人也做過，它們都證實我們的知覺不具有原子論的性質，而是具有整體的性質。

這些情況大家都非常熟悉，這裡就不多講了。

但是，這些學派之間的爭論，從另外一個角度引起了我們的興趣。這就是每一個學派是怎樣認識兒童期發展的，新的知覺結構理論又是怎樣看待兒童期知覺的改變和發展問題的呢？

談到知覺的聯結論，我們知道，聯結論關於兒童知覺發展的理論與它心理一般發展的理論十分相似。根據這個理論，就像這個理論的發明者所表述的那樣，在最一開始，在兒童剛一出生的時候，心理生活就有了基本的推動力。這個基本推動力是一種能力，一種將同時或者在相近時間裡連續感知到的東西聯繫在一起的連接能力。但是在兒童身上，可供這種連接能力黏合、焊接的材料非常非常的少。因此，在聯結論看來，兒童心理的發展，首先就是累積愈來愈多的這種可供連接的材料。這樣，兒童就會在單個物體之間形成愈來愈新、愈來愈長，因而也就也愈來愈豐富的聯結聯繫；同樣地，兒童的知覺也因此

而生長和組織起來,從知覺一個一個單獨的感覺,轉到知覺彼此相互聯繫的一組一組的感覺,然後又轉到知覺彼此聯繫的一個一個的物體,最後形成對情境完整的知覺。大家知道,依照傳統的聯想主義心理學的觀點,發展起始時嬰兒的知覺是雜亂的。按照彪勒(K. Bühler, 1879-1963)的說法,嬰兒的知覺是由一些雜亂的、互無關聯、互不協調的感覺表演的荒蠻怪異的舞蹈。

在我讀大學的那個年代,人們是這樣認識嬰兒知覺的:嬰兒有味覺,能辨別苦酸,嬰兒也能感知冷暖,出生後不久就能夠感知聲音和顏色。但是這都是一些分散的、不協調的感覺。因為同屬於某類物體的幾種熟悉的感覺在某些組合中特別經常地重複,於是這些感覺組合就開始被兒童知覺為一個複合體,也就是說,在這裡借助的是同時包含幾種感覺。正是因為有了對幾種感覺的同時包羅,真正有意義的知覺才得以發生。

與個別感覺產生的時間不同,這種複合知覺究竟是在什麼時候發展起來的,人們看法不一:一些研究人員認為是在出生後的第一年內,最極端者認為,在出生後的第四個月,就能確認嬰兒的知覺是一個連貫完整的過程;另一些研究者則把知覺發生的時間推遲到嬰兒出生以後的第七、八個月。

從結構論的觀點出發,關於兒童知覺發展的這種觀念是站不住腳的,因為,從相互隔絕的單個成分的總和中引出複雜的心理整體的說法,本身就沒有根據。結構心理學特別珍惜在發展的低等階段獲得的資料,這些資料證明「整體性」是我們知覺的原始特徵。

苛勒在《人類的知覺》一書中試圖證明,在人的知覺中起

主要作用的規律，就是在動物知覺中起作用的那些規律。但是
這些規律在人的知覺中表現得更精細、更準確，也更定型。依
照苛勒的觀點，人的知覺彷彿是改善後的動物知覺。

在兒童知覺領域，結構論走進了一個死胡同。結構論對處
於最早發展階段的兒童所做的實驗（比如符克特對出生一個月
的嬰兒的實驗）表明，知覺具有結構的性質是可以證明的，知
覺的結構是原發性的，一開始就存在，不是長期發展的結果。
問題在於，如果知覺最重要的特徵，也就是知覺的結構性和知
覺的完整性，在發展的一開始就一應俱全，而成人又是知覺發
展的最終點，那麼，兒童知覺的發展過程又在哪裡呢？

不用說，在這裡結構論暴露了自己在事實研究和理論研究
中的一個最薄弱的層面。結構論在任何領域都不像在知覺領域
這樣，表現得如此軟弱無力。我們知道，有些人試圖根據結構
的觀點建構兒童心理發展的理論。但是無論你覺得有多麼奇怪，
在這些對兒童心理發展進行理論分析的嘗試中，用結構論的觀
點完全寫不出兒童知覺這一章。從根本上拒絕以發展的觀點審
視兒童的知覺，是與結構論的基本方法論立場相聯繫的。就像
大家知道的那樣，這個理論在方法論上的基本立場，使得結構
概念本身具有了某種玄學的性質。

於是，我們看到在戈特沙爾特之後相繼出現了兩項研究。
一項是考夫卡（K. Koffka. 1886-1941）的研究，他否認知覺在
系統發育過程中可能存在著差異；另一項是符克特的研究，他
根據對處在早期發展階段兒童的實驗，確信知覺在各個發展階
段都具有原始的、整體的結構。符克特引用歌德（J. W. Goethe,
1749-1832）一段流傳甚廣的名言，宣稱知覺的這些特性永遠是

幼稚的，也就是說它們屬於永久的範疇，在人今後的發展過程
中一直保留，不會改變。

為了說明研究者們為了走出這條死胡同想了一些什麼辦
法，或者他們有意繞開這條死胡同卻又不得不幾次三番地回到
這裡，我必須詳細地講講兒童知覺中的一個問題，這就是所謂
的「兒童期的校正問題」（проблема ортоскопичности в детск
ом воз-расте）。這是一個老問題了，最先是由一些心理生理學家
提出，他們提出了這個問題並且試圖解決它。特別是赫爾姆霍
茨（Helmholts. H. L. F. von, 1821-1894），兒童期的校正問題在
他的研究中占有重要的地位。後來這個問題被擱置了下來，直
到最近二十年才又被重新提起。問題的本質在於現代成人的知
覺具有一些在我們看來似乎無法解釋或者不可理解的心理特點。

我們的知覺有哪一些特點，這些特點在高等階段非常重
要，一旦失去，我們的知覺就會變得不正常起來？我們的知覺
首先具有這樣的特點，這就是我們的眼睛無論看到什麼，我們
感知到的都是在一定程度上恆常的、有秩序的、連貫的圖像。
要是把這個問題劃分成幾個方面來討論，那就應該按照它們在
實驗心理學中出現的順序來一一論述。

首先是物體大小知覺的恆常性問題。眾所周知，如果我把
兩個一樣長的物體（比如兩支一樣長的鉛筆）放在眼前，那麼
在視網膜上就會出現兩個長度一樣的影像。如果眼前的鉛筆一
支的長度是另一支的五倍，那麼在視網膜上就會出現兩個同樣
長度關係的影像。我能感知到一支鉛筆比另一支鉛筆長，這個
事實的存在顯然直接決定於刺激物本身的特點。如果我繼續試
驗，把長鉛筆移到離原處五倍距離的地方，那麼它在視網膜上

的影像也會隨之縮小五倍，於是視網膜上出現了兩個大小一樣的影像。長鉛筆挪到了五倍遠的地方，但是我並沒有感到它縮小了五倍，請問應該如何解釋這個心理學事實？為什麼我看到的仍然是原來大小的鉛筆？是誰在幫助我，使我在視網膜影像相同的條件下，依然認定這是一支放得遠一些，但是比另一支長一些的鉛筆？

　　下面的現象又該做何解釋？儘管與眼睛的距離在增加，被移開的物體卻仍舊保持自己的大小，特別是，我們確實知道物體具有離得愈遠看起來愈小的趨勢？要知道，身軀龐大的戰船，在與我們相距遙遠時，在我們眼裡只不過是一個很小很小的點。下面這個實驗是大家都知道的：把物體放在貼近眼睛的地方，然後快速將其推開，它在眼中漸漸模糊，並且變得愈來愈小。物體具有隨著與眼睛距離增大而逐漸變小的趨向，但卻依然相對地保持著自己的大小，這個現象應該怎樣解釋呢？如果我們想到它所具有的極大的生物學意義，這個問題就變得更加有趣了。一方面，假如知覺不具有這種校正的性質，假如知覺隨著距離的變化不斷地改變物體的大小，知覺就不能履行自己的生物學功能。對於那些懼怕凶禽猛獸的動物來說，相距一百步的凶禽猛獸應該顯出縮小一百倍的樣子。但另一方面，如果知覺不隨物體距離的改變而改變，就不能產生物體是在近處還是在遠處的生物學印象。

　　所以應該很容易地理解，如此複雜的生物學機制就包含在這樣的情形之中：一方面，物體恆常地保持著自己的大小；另一方面，隨著與眼睛距離的增大，物體又在失去自己的大小。

　　再看顏色知覺的恆常。海林（E. Hering, 1834-1918）證明，

正午時分粉筆反射的白光是黃昏時分的一百倍。雖然如此，暮色中的粉筆依然是白色的，而正午時分的煤塊依然是黑色的。對其他顏色的研究也表明，儘管直接產生的興奮的質量受到照明、入射光線的實際數量、照明本身的顏色等因素的制約，顏色知覺也保持著相對的恆常。

形狀恆常的產生與大小恆常及顏色恆常一樣。在我面前的這只公事包，儘管現在我是從上往下注視著它，但是在我看來，它依然保持著公事包應該有的形狀。也正是因為這樣，就像赫爾姆霍茨所說，教授寫生畫的教師就不得不多費許多的口舌向學生解釋，他們看到的只不過是桌子的某一個側面，而不是一張完整的桌子。

知覺的恆常性不僅僅表現在對物體大小、形狀、顏色的知覺，還表現在對物體其他屬性的知覺上。這些現象總合起來就構成了一個問題，就是通常所說的「知覺校正」（ортоскопическое в осприятие）的問題。知覺校正的意思是：我們總是能夠正確地認出物體。儘管受到知覺條件的制約，我們看到的物體還是保持它一貫的大小、形狀和顏色。有了校正，我們才能知覺到物體的穩定特性而不受偶然條件、視角，以及自身運動的影響。換句話說，正是因為有了校正，才有可能不受主觀的、偶然的觀察條件的制約，獲得比較穩定、可靠的知覺形象。

由於一些類似於知覺的現象顯示出另外一些心理特性，人們對知覺校正問題的興趣就更大了。你們也許知道，其中包括一個早已確定並且成為許多實驗研究對象的事實，這就是在對知覺的校正方面，所謂的「後像」，其表現就與真實的知覺完全不同。如果我們把一個紅色的正方形固定在銀幕的灰色背景上，

然後把它取下，這時我們會在背景上看到一個被染上互補顏色的正方形。這個實驗告訴我們，如果失去了校正，我們的知覺將會是個什麼樣子。如果我將銀幕往遠處挪動，正方形就會變大；如果將銀幕移近兩倍，正方形就會縮小兩倍。這時對正方形的大小、位置或者運動狀態的知覺，取決於運動、視角，取決於所有那些不影響真實知覺的因素，而獨立的這些因素正是我們真實知覺的特點。在我看來，出現有條理的、穩定的知覺的事實，能夠顯示在知覺發展過程中發生了一些什麼變化。在知覺發展過程中發生的這些變化，指示著兒童知覺發展的路線，而恰恰就是在這裡，聯結論和結構論緊緊關上繼續探尋的大門。

上面提到的這許多事實應該做何解釋？什麼樣的解釋才真正符合客觀實際？為了回答這些問題，赫爾姆霍茨早就提出了一個觀點，即：知覺所具有的校正的性質不是原本就有的，它是在發展過程中產生的。赫爾姆霍茨詳細研究了許多事實，研究了許多不穩定卻很有意義、可以據其做出判斷的因素，其中包括對遙遠童年的回憶——兒時的他從鐘樓旁邊走過時，把站在鐘樓上面的人當成了童話中的小矮人。他描述了對其他兒童的觀察，得出一個結論：知覺的校正不是一開始就有的。赫爾姆霍茨的一個學生表達了這樣的思想：只有穩定的知覺圖形才能夠反映物體固定不變的特性；知覺圖像漸漸地穩定，這幾乎是兒童知覺發展的主要內容。

赫爾姆霍茨試圖用「無意識推理」（бессознательное умозаключение）的理論來解釋這個事實。他假設，從眼前移到十倍遠處的鉛筆，事實上被我們知覺縮小了十倍；但是就在這個時候，某個無意識的判斷補充了知覺——從前的經驗提醒我

們，曾經在近處看見過這個東西，現在它從眼前被移開了，也就是說，從無意識推理得到的修正值與現有的知覺結合在了一起。

不用說，像赫爾姆霍茨這樣從個人的直接感受出發提出問題是幼稚的，他的解釋受到許多實驗者的嘲笑。問題的本質在於，儘管我們清楚地知道鉛筆被移到了十倍遠的地方，但是在真實的知覺裡鉛筆並沒有被縮小。最簡單的觀察都可以證明赫爾姆霍茨根據直接體驗做出的解釋是站不住腳的；但是他提出的想法，更確切地說是他指出的方向，就像許多實驗研究證明的那樣，是正確的。這個方向，就是不要把知覺所具有的校正性質看成是某種一開始就具有的東西，而應該將之視為發展的產物。這是第一。第二，應該能夠理解，知覺的恆常性之所以會發生，並不是因為知覺自身的內部成分和內部特性有了什麼變化，而是因為這時知覺開始在另外一些機能系統中發揮作用。

赫爾姆霍茨提出的「無意識推理」並沒有成功，這個假設很多年來妨礙了這個領域的探尋。但是現代的研究者們證明，知覺的校正性，其中包括視知覺的校正性，確實是由複雜的現有的興奮，以及與現有興奮融合並且與之同時發揮作用的興奮共同引發的。我可以做出這樣的判斷。我前面說過，依照赫爾姆霍茨的假設，移到五倍遠處的鉛筆，看起來應該縮小五倍。如果物體已經拿開，呈現在我們眼前的不是鉛筆而是它的後像，那麼根據埃默特定律（Emmert's Law），當銀幕移到五倍遠的地方時，這支鉛筆的後像會增加五倍。但是，在移動銀幕使其遠去的時候，物體的大小是不應該發生改變的。所以，我應該把物體及物體在視網膜上的影像當作兩個互補的東西來知覺。

隨著與銀幕的距離拉大，物體的視覺後像增大五倍，物體的知覺形象縮小五倍；但是，如果物體的知覺形象與後像混合的話，現有的興奮顯然就不會改變。

起初實驗探索是在這個方向上進行的：能不能製造這樣一種現有興奮與後像的混合，讓後像能夠與知覺同時產生？實驗者很快就解決了這個問題。他們建議受試者把一個紅色的正方形固定在銀幕上，但不是紙質正方形，而是正方形的光的影像。撤去光影，受試者會看見一個綠色的互補影像。然後悄悄地，不讓受試者察覺，把一個真實的綠色正方形對準影像，實驗者移開銀幕，於是埃默特定律被破壞了。

用實驗的方法擺脫埃默特定律，建立影像的恆常，找到影像大小不隨距離的增加而成比例增長的條件，這是一個極其大膽、極其出色的設想，而隨著實驗的成功實現了這個設想。如果無意識推理的假設是正確的，那就無法解釋，為什麼距離遙遠的物體我們會覺得很小。如果無意識推論成立，當物體很快（瞬間）從眼前離開時，我不會覺得它在變小。

和知覺形象變化無常一樣，絕對的知覺恆常在生物學上也是有害的。如果我們生活的物質世界不斷地在發生變化，那麼，絕對穩定的知覺就意味著我們不能覺察把我們與周圍物體分開的距離。後來由「馬爾堡學派」（Marburg School）進行的實驗證明，解釋這個知覺事實的依據不應該是後像，而應該是所謂的「遺覺象」（эйдетический образ）。另外的研究顯示，物體撤走之後，我們在銀幕上看見的遺覺象不會遵循埃默特定律，遺覺象不會隨著物體的遠去而成比例地增大，它的改變要慢得多。

按照上述方法，也就是讓真實的光影與遺覺象融合的方法進行的實驗證明，這種融合做出的實驗效果最接近真實知覺。在這裡實驗誤差等於十分之一，也就是說理論計算值與實驗所得數值相差僅為五分之一。

在對這個我也有幸研究過的問題做出理論總結之前，有必要再詳細談談與它相關的兩個具體問題，這兩個問題與前面的問題一起討論，能幫助我們更容易、更有根據地得出某些結論。

第一個是知覺的理解性問題。在文明成人發達知覺的面前，我們再次受阻。我們遇到了與我們剛剛討論過的問題相類似的問題。

成人知覺的一個典型特徵是，我們的知覺是穩定的，是經過校正的；另一個特徵是，我們的知覺是被理解的。我們幾乎不可能像在實驗室裡所做的那樣，去創造這樣的條件，以便讓我們的知覺脫離對客體的理解而發揮作用。現在我把這個活頁本舉在自己面前，事情不會按照聯想派心理學家設想的那樣發生。他們以為我會知覺到某種白色的東西，知覺到某種四邊形的東西，這些知覺的聯合再與我對這個物體用途的已有知識連結起來，於是達到了對客體的理解：「這是什麼呢？啊，這是活頁本！」理解物體，說出物體的名稱，這些是和對物體的知覺同時發生的。就像專門的研究所證明的那樣，知覺物體的客觀的、個別的方面本身，就依賴對物體用途的理解和對物體名稱的意義的理解，它們是和知覺同時發生的。

你們也許知道，由羅夏（H. Rorschach, 1884-1922）開始進行的那些實驗，後來有許多實驗者繼續在進行，並且在最近由年輕的布洛伊爾（E. Bleuler, 1857-1939）以特別系統和明確無

疑的方式提出。這些實驗證明，由比奈（A. Binet, 857-1911）最先研究的、所謂的對墨跡的無意識知覺問題，確實是一個深奧的問題，它啟發我們用實驗的方法來解決知覺的「理解性」問題。為什麼我並沒有看見我所熟悉的形狀、重量和大小，但我卻知道擺在我面前的是一張桌子還是一把椅子？比奈建議按照他說的方法進行試驗：讓受試者觀察紙上一個普通的墨跡，然後將紙對折，於是在對折線的兩邊形成輪廓對稱、純屬偶然、毫無意義的墨跡。比奈說，令人吃驚的是，在這種情況下，每一次都能得到類似於某種東西的墨跡；參加他第一批實驗的孩子們幾乎從來不會把這些沒有意義的墨跡知覺為墨跡，而總是把它們知覺為小狗、雲彩或者小牛等等。

羅夏編制了一套沒有意義的彩色對稱圖形，他向受試者展示這些圖形，就像大家知道的那樣。他的實驗已經證明，只有癡呆者和癲癇病人才會把墨跡知覺為完全沒有意義的東西。恰恰是在這種場合我們才會聽到受試者說：「這是一個普通的墨跡」。在正常狀態下我們看到的墨跡有時是燈泡，有時是湖泊，有時是雲彩或者別的東西。我們對墨跡的理解在變化，但是我們知覺墨跡的理解性傾向卻總是存在。

這種所有知覺都具有的理解性傾向被彪勒用於實驗，成為分析我們發展成熟知覺的理解性的工具。他指出，發達形式的知覺既是穩定、恆常的知覺，也是被理解的知覺，或者說是被歸於了一定範疇的知覺。

現在，在我眼前的不是物體的許多個別的外在形式，我看見的是一個物體，這個物體，連同這個物體的全部用途、名稱，都一下子被我知覺。我看見了燈泡、桌子、人和門。按照彪勒

的描述，在所有這些場合，我的知覺都是我直觀思維的不可分割的部分；和看見物體同時，視覺情境——我現在的知覺客體——也被歸進了一定的範疇。

有關知覺理解性的其他研究顯示，許多知覺之所以會出現錯誤，原來正是因為知覺具有理解的傾向。最主要的是，這種複雜的理解是在直接知覺中產生的，因而它往往會導致錯覺。

我們可以引用「查氏錯覺」（Charpentier illusion）作為例子。兩個圓柱體，重量、形狀、樣子都相同，但是其中一個的體積比另一個要大一些。如果讓我們同時，或者是一先一後拿起它們，確定哪一個比較重，我們總會覺得體積較小的一個會重一些。當著你的面秤重，你也確信它們的重量確實相同；儘管如此，當你再用手掂量它們時，依然擺脫不了原來的感覺。大家知道，對查氏錯覺有許多種解釋，但只有在我剛才對你們闡述過的那些方面進行的研究才能說明：之所以會出現這種錯誤，追根溯源，是因為看起來似乎錯誤的知覺，其實在某種意義上來說是正確的。正像查氏錯覺的一位研究者所指出的，我們的直接評價認為小一些的物體更重一些，從相對重量的觀點來看，從物體的密度、重量與物體體積的關係看，應該說我們的評價是正確的。要知道，這個物體之所以確實「比較重」，恰恰是因為已有的經驗（重量與體積的相互關係）導致的理解性知覺，偷換了我們對重量的直接知覺。直接知覺正是因此而被扭曲。於是我們緊閉雙眼，為的是能把這兩個物體知覺為同樣地重。查氏錯覺的研究中最有趣的一件事情就是，儘管每一個成年人總是把小一些的圓柱體知覺得更重些，但是閉上眼睛以後這種錯覺就會消失。生來失明的盲人也容易產生查氏錯覺，

也就是說實驗時看不見圓柱體，但能觸摸它們的盲人也會把小一些的那一個知覺得更重一些。

很顯然，這就是被理解的知覺。在理解知覺中，對重量的直接知覺是與對物體體積的直接知覺同時產生的。

為了給後面的理論結論準備一些資料，關於查氏錯覺，我必須再多說幾句。實驗表明，聾啞兒童儘管眼睛看得見物體，他們也不容易產生這種錯覺。後來的研究表明查氏錯覺具有十分重要的診斷意義，這就是所謂的「德莫爾症候」（симптом Демора），即智力重度落後的兒童不會出現查氏錯覺，他們的知覺不具有理解性。對他們來說，小一些的圓柱體不會顯得更重一些。因此，如果你面對的是九至十歲的兒童，你想把智力嚴重落後的兒童與不那麼嚴重的兒童區分開來，那麼是否具有「德莫爾症候」就是一個非常重要的指標。克拉帕萊德（E. Claparede, 1873-1940）表達了這樣的想法：錯覺能夠成為兒童知覺發展得非常好的表徵。研究顯示，正常兒童大約在五歲以前也不容易產生查氏錯覺，不會覺得小一些的圓柱體會更重一些。

由此可見，由查氏觀察到的特殊現象原來是在發展中產生的。查氏錯覺在重度落後兒童身上完全不會發生，在大多數聾啞兒童身上也不會發生，在盲人身上會發生，因而能夠成為區分診斷重度精神發育遲緩與輕度智力落後的可靠依據（根據德莫爾症候）。

如果要我簡要地說說這個領域的實驗說明了什麼，我可以說它確定了兩個原理，這兩個原理與我們討論知覺校正問題時涉及的原理相類似。

一方面，實驗證明「理解性」是成人知覺的特性，而不是兒童所固有的；知覺的理解性產生於一定的階段，是發展的產物，而不是從最開始就被賦予的。另一方面，實驗也證明，就像我們知覺的穩定性、恆常性是因為知覺與「遺覺象」充分結合而發生的一樣，在這裡，直觀思維過程與知覺也在進行直接的融合，因此，不能把一種機能與另外一種機能劃分開來。一種機能在另外一種機能中發揮作用，好像就是這種機能的一個組成部分。兩種不同的機能形成了協調一致的共同活動，只能用實驗的方法才可能把它們肢解開來。也就是說，只有心理實驗才能幫助我們從被理解的、有意義的知覺過程中分解出直接知覺的過程，從而獲得沒有意義的知覺。

知覺的第三個問題與剛剛討論過的知覺理解性問題有關，這就是在詞的本意上的「範疇知覺」（категориальное восприятие）的問題。關於這個問題的研究很早就開始了，圖片知覺實驗就是一個典型的例子。在先前的研究者眼裡，圖片知覺實驗是了解兒童知覺理解性一般發展狀況的鑰匙。圖片上畫的都是實際情形的某個部分，選配好圖片，展示給不同年齡的兒童，同時觀察兒童在知覺圖片的過程中發生的變化。借助統計學的方法，能夠概括成千上萬份這樣的實驗資料。透過這種方式，我們就能夠對兒童知覺現實事物必然經過的發展階段做出判斷。

關於知覺的發展階段，不同的作者有不同的規定和描述；即使是同一個研究者，在不同的時期，對階段的劃分也有所不同，比如斯特恩（L. W. Sten, 1871-1938）就是這樣。但是就像實際資料所顯示的那樣，大多數的作者在這一點上意見一致，

即如果根據圖片知覺來評判兒童知覺的差異，那麼知覺發展經過四個主要的階段：首先是對單個物體的知覺，這是「物體階段」（стадия предмеда）；之後，兒童開始說出物體的名稱，並且指出可以用這些物體完成的動作，這是「動作階段」（стадия действия）；再過一些時候，兒童開始指出被知覺的物體的特徵，這就是質量階段或者「特徵階段」（стадия качеств или признаков）；最後，兒童開始把畫面的各個部分總和起來，把圖畫視作一個整體來進行描述。許多的實驗者——在日爾曼主要是斯特恩，在我們這裡主要是布隆斯基（П. П. Блонский, 1884-1941）——認為，有了這些實驗，我們就可以確定理解性知覺在兒童期的主要發展階段了。就像布隆斯基所說的，兒童首先是把圖片和世界知覺為物體與物體的某種總和；接下來，開始把兩者知覺為可以拿來做什麼用的物體的總和；而後，他們開始用質量或者特性來豐富和充實這些有用物體的總和；最後，過渡到知覺某個完整的情境，對我們來說，這個情境是真實、有意義的整體情境的類似物，是對現實的整體知覺。這項研究的影響在於它的研究結果確確實實在所有這類實驗中都得到完全的證實。布隆斯基在我們這裡的實驗，得到了和斯特恩、奈曼（Нейман）、羅爾洛夫（М. Роллоф）、穆霍夫（М. Мухов）以及其他研究者大致相同的發展階段。

　　大約在十五年前，上述結論還被認為不可動搖，是兒童知覺發展的基本規律；但是實驗心理學在最近十五年裡的研究成果徹底摧毀了這個原理，幾乎使之體無完膚。

　　事實上，根據我們現在對知覺的了解，我們很難接受兒童知覺的發展是從知覺加入了動作的單個物體，到知覺物體的特

徵，再到知覺一個完整情境的說法；因為根據實驗資料得知，
在發展的最早階段，結構性和完整性就已經是知覺的固有屬性。
相對於對部分的知覺，對整體的知覺是先產生的、是屬於原發
性的。可見，上述研究結果與我們已經知道的知覺本身所具有
的結構性之間，存在著不可調和的矛盾。從聯結主義的「原子
論心理學」（ассоциативная атомистическая психология）的觀
點出發，自然會假設兒童是從部分走向整體，兒童給這些部分
添加上動作、質量，最終達到對整個情境的知覺。但是從結構
論的觀點出發，這個事實——好像兒童真的是從知覺個別部分
開始，通過總和個別部分而達到對整體的知覺——卻顯得非常
地荒謬，因為我們知道的知覺發展道路是相反的。結構心理學
認為，每一次的日常觀察都能使我們相信，嬰兒完全不是只知
覺單個的物體，他知覺的是完整的情境，是完整的遊戲情境或
者哺乳的情境。連嬰兒的知覺都完全決定於整體的情境，更不
用說年齡大一些的兒童了。事實上，如果兒童到了十至十二歲
時才能知覺有意義的完整情境，那麻煩可就大了！很難想像這
會給兒童的心理發展造成什麼樣的影響。姑且不談還有一些實
驗證明，兒童的運動知覺和動作知覺產生的時間，常常要比對
物體的知覺早得多。

　　上述的想法把用實驗檢驗這個規律是否正確的工作推上了
日程。這些想法引出了兩個必須解決的問題。第一，如果這個
規律描述的兒童知覺發展的階段順序是不真實的，那麼我們應
該怎樣真實地提出這個階段順序？第二，如果這個規律對階段
順序的描述是錯誤的，那麼為什麼大量的資料又都證實，發展
早期的兒童在描述圖畫情境時只是區分出物體，只是在接下來

的年齡階段才區分出動作和特徵？

　　解決這個問題的實驗嘗試是在不同的國家以不同的方式進行的，其中最有意思的是皮亞傑（J. Piaget, 1896-1980）和德國心理學家艾利斯柏格（B. Eliasberg）的研究。艾利斯柏格的研究顯示，在發展的早期，兒童的知覺不是以知覺單個物體的方式建構，它充滿了未被分化的聯繫。皮亞傑的研究顯示，處於發展早期的兒童，知覺是含混不清的；也就是說，物體和物體彼此相互連接、包羅無遺，被知覺為一個統一的整體。

　　可見斯特恩的基本觀點是不正確的，其他人的研究也都證明斯特恩等人提出的兒童知覺的階段順序經不起考驗。

　　當務之急是要解決我剛才提到的兩個問題。為什麼兒童在描述圖畫情境時經由的路線，與兒童其他知覺發展經由的實際路線相反呢？不把這個問題說清楚，就不足以駁倒斯特恩。簡單地說，就是怎樣解釋兒童的知覺是從整體到部分，而兒童知覺圖畫卻是從部分到整體？對此斯特恩是這樣解釋的：對於「直接知覺」來說，知覺結構從整體到部分發展的規律確實是存在的；對於「理解知覺」，也就是與直觀思維相結合的知覺來說，我們描述的順序也是確實存在的。但是艾利斯柏格的實驗最先涉及的是沒有意義的材料，後來改用有意義的材料，也得到了同樣的結果。艾利斯柏格成功地證明，材料越是被理解，實際結果就越是與斯特恩觀點所預期的結果相矛盾。

　　在莫斯科應用心理學國際會議上，我們曾經有機會聆聽艾利斯柏格的報告。艾利斯柏格介紹了自己新的研究成果以及他與斯特恩之間的辯論。斯特恩的辯解顯然不成功。實驗研究顯示，這個問題解決起來，比起斯特恩的想像，既要簡單得多，

也要複雜得多。事實上一般的觀察就可以證明，如果說「物體階段、動作階段、質量階段、關係階段」的順序，不適用於描述兒童知覺的發展進程，那麼這個階段順序與兒童語言發展經由的道路則是完全地吻合。

兒童說話永遠從說出單個的詞開始，名詞就是兒童最先說出的詞；然後是動詞，於是出現了所謂的二項式句；第三個時期出現形容詞句；最後，隨著積累了一定數量的句子，兒童開始以描述的方式講述圖畫中的情境。所以，上述階段順序並不是知覺發展的順序，而是言語發展的順序。

當我們用實驗來分析上述事實時，這個事實本身就變得特別的典型和有趣。為方便起見，請允許我不那麼謙虛地引用我們自己的實驗資料（已經公開發表）。我們試圖透過實驗來解決這個難題，實驗證明我們的結論令人信服。如果我們要求兒童講述圖片上畫了些什麼，那麼我們的確會得到所有研究者都發現的那個階段順序。但是，如果建議同一年齡的兒童或者同一個兒童按照圖片描繪的情境做遊戲（當然，圖片所表現的情境應該是兒童能夠理解的），那麼任何時候他都不會裝扮成圖片中單個的物體。比如說，圖片上畫的是一個人用鎖鏈牽著一頭熊在表演，周圍聚集著一群看熱鬧的孩子，那麼兒童的遊戲不會是先裝扮這頭熊，然後再裝扮這些孩子。也就是說以下的推測是不正確的：因為孩子們會講述很多的細節，因而他們也會按照這些細節來遊戲。事實上孩子們總是把圖片中的情景作為一個整體來對待，也就是說真實表演圖片情境的順序是另外一個樣子。其中有張大家都很熟悉的圖片，是比奈用過的，上面畫著一位老人和一個小男孩正在用獨輪手推車運送物品。只

是因為這張圖片在世界各國廣泛使用，我們也在實驗中用到了它。在要求兒童用遊戲的方式傳達這幅圖片中的情景時，我們得到了和斯特恩、奈曼、穆霍夫等人完全不同的結果。

還有一個十分重要的問題我來不及細講，因為這會占用剩下不多的理論總結的時間；而如果沒有理論結論，再好的材料也會失去自身的價值。為了使結論更加充分一些，我還是要提一下關於知覺發展的一些新的研究，這是一些關於人的「原始知覺」（примитивные восприятия）的研究。

最近，實驗心理學開始對嗅覺、味覺這樣一些原始的知覺進行更深入的研究。初期的實驗就使研究者們得到從發生學的觀點來看令人大為驚愕的結論。原來，在原始知覺中，知覺與直觀思維的直接聯繫是如此缺乏，以致不僅在日常生活實踐中，而且也在學術研究中，我們都不能夠對氣味進行概括。如同早期發展階段的兒童只知道紅色的具體表現，而沒有對紅色的概括的理解，我們也不能夠概括任何的氣味，只能像原始人給各個顏色打上標記那樣，我們也給每一種氣味做上標記。原來，在許多類似於嗅覺這樣發育不全、已經失去意義、在人類的文明發展中不起重要作用的生物現象中，範疇知覺是不存在的。亨甯（Т. К. Геннинг）創造了原始知覺學說的時代，他認為，與許多高級哺乳動物相比，人的原始知覺已經退化。

下面請允許我用剩下的幾分鐘對今天的演講做個簡要的總結。無論是研究知覺的校正性問題，還是研究知覺的理解性問題，或者是研究知覺和言語的關係問題，我們隨處都會碰到一個在理論上具有頭等重要意義的事實，這就是我們在兒童發展過程中到處都能觀察到的，機能和機能之間的聯繫和關係發生

改變的事實。知覺機能與遺覺記憶機能在兒童發展的過程中發生了聯繫，於是產生了新的統一體，知覺作為統一體的一個內部成分在其中發揮作用。直觀思維機能與知覺機能直接匯合在一起，使我們無法從這股合流中把範疇知覺從直接知覺中劃分出來，也就是說不能夠把對物體自身的知覺，和對這個物體的用途、意義的理解劃分開來。經驗顯示，在這裡，言語或者辭彙與知覺發生了聯繫，如果我們透過言語來審視這種知覺，如果兒童不是單純地知覺，而是在講述被他知覺到的東西，那麼通常說的兒童知覺的進程就會發生改變。我們到處都能看到這種機能之間聯繫的經常變化；正是由於在知覺與其他機能之間建立了新的聯繫，形成了新的統一體，發達的成人知覺的那些最重要的改變和最重要的特性才能夠產生。如果在隔絕的狀態中研究知覺的演進，而不是把它視為整個意識發展的一個部分，成人知覺的這些最重要的變化和最重要的特性就無法解釋。聯結論也好，結構論也好，在這一點上它們的做法都是一樣的。

你們都還記得，在聯結論或者結構論看來，無論是在發展的早期階段，還是在發展的晚期階段，知覺的基本特性都是一樣的。因此，認為知覺與其他機能毫無關係的理論，無論是過去還是現在，都無法解釋在發展過程中出現的知覺的最重要的特性。因為現在想不到更好的詞語，我建議把這些在兒童發展中產生的、因為是一個新的統一體因而機能不再單一的、新的、複雜的心理機能的生成物稱作心理系統（психологические системы）。

總而言之，實驗研究證明了新而又新的機能系統是怎樣在兒童發展時期產生的；知覺在這些新的系統中發揮作用，而且

只是因為在這些系統中發揮作用，知覺才獲得許多在系統之外所不具有的特性。

有意思的是，在機能之間形成新的聯繫的同時，知覺自身也在發展過程中獲得了自由——如果可以這樣說的話：知覺從它在早期發展階段所特有的許多聯繫中解放了出來。

為了不重複，我簡單些說：研究證明，在發展的早期階段知覺直接與運動相聯繫，它只是整個感覺運動過程的一個因素；漸漸地，知覺開始獲得意義重大的獨立性，從與運動的這種局部聯繫中擺脫出來。勒溫（K. Lewin, 1890-1947）比其他人更多地研究了這個問題，在他看來，兒童知覺只是由於參加到了一系列的內部過程，才逐漸獲得了動態的表現。特別是勒溫證明了，只是隨著知覺的解放，隨著知覺從心理過程的這種整體形式中分化出來，知覺與直觀思維的聯繫才變得可能。

符克特、克呂格爾（Крюгер），還有萊比錫學派的其他研究者都證明，知覺在早期階段處於這樣的狀態：知覺既與感覺運動過程分割不開，也與情緒反應分割不開。克呂格爾建議把早期階段的知覺稱作「感覺式的知覺」（чувство-подобное восприятие）、「情緒式的知覺」（эмоционально-подобное восприятие）。他的研究證明，知覺只是逐漸地、一步一步地從與兒童的直接激情和直接情緒的聯繫中解放出來。

總的說來，我們應該感謝萊比錫的研究者們，是他們弄清楚了一個非常值得注意的事實，這個事實表明：一般說來，我們不能確認個體在發展開始時就有足夠分化的單個的心理機能，我們觀察到的是複雜得多、沒有分化的統一體，逐漸地，在發展的過程中，從這些統一體中產生單個的機能。在這個過程中，

我們的知覺也逐漸發展了起來。

　　接下來的研究就完全不是萊比錫學派及其錯誤的方法論觀點力所能及的了，只有採取完全不同的方法論立場，知覺繼續發展的事實才會變得可以理解。

記憶及其在兒童期的發展

我們可以說，在現代心理學的任何一個領域，都不像在記憶領域這樣，唯心論和唯物論有如此之多的爭論。因此，想撇開這個領域持續幾十年的激烈爭論來展現「記憶」這一章，是一件完全不可能的事情。不審視這場論戰，我們甚至對記憶領域裡事實材料的發展脈絡，都不會有清晰、完整的理解。

你們當然也知道，一些學派有意把心理學劃分成為獨立的、互無關聯的學科，劃分為「解釋心理學」（обьяснительная психология）和「描述心理學」（описательная психология），這些學派通常把「記憶」一章，說成是在唯物主義基礎上發展而成的。明斯特貝格（H. Münsterberg, 1863-1916）和他的學派，以及上述觀點的其他追隨者指出，在解釋記憶現象時，心理學通常採用的是因果思維的方法，它要尋找與腦部活動有關的原因。

儘管試圖用神經元之間彼此連接形成通路來解釋記憶現象的理論現在已經很少被人提起，但是，在原先沒有直接聯繫的神經區域之間建立新聯繫的理論卻發展了起來。這兩種理論，還有其他許多理論的相繼出現，是因為從事記憶研究的心理學家們內心明白，如果不了解腦的功能，不把記憶活動與物質的基質聯繫起來，就不可能對記憶現象有真正全面的認識。

確實，記憶領域中自發的唯物主義學派，無論何時，也無論何地，都沒有像真正的唯物主義記憶學說那樣始終如一，而總是把自己和那些唯心主義地對待心腦關係的觀點捆綁在一起。所有把這個假設的觀點作為研究的起點，並且據此提出完整的記憶理論模型的作者，不管是誰，都保留了心身平行論的觀念，

也就是說，所有這些人都沒有把唯物主義的記憶觀點堅持到底。身心平行論極為機械、極為粗淺，它把記憶基礎的生理過程，拿來和在腦的各個區域及皮質區開關通路、生成新聯繫的過程簡單地相比較，拿來和腦部活動的單個成分簡單地相比較。這種徹頭徹尾的機械論的觀點不能幫助任何一個心理學家充分、理性地思考記憶現象，進而對這種心理機能做出有見地的唯物主義的解釋。

　　在海林的一本著名的小冊子中，我們看到了這種趨勢對記憶心理學實驗研究的影響。在這本小冊子裡，海林給記憶下了一個經典的定義，他說記憶是所有有組織的物質都具有的共同特點。海林做了一個大膽的嘗試，他先是把人的記憶和有機自然界的類似現象聯繫起來，繼而又把人的記憶和無機自然界的類似現象聯繫起來，用自然－生物學觀點解釋和理解記憶現象的道路就此打開；然而，也就是在這裡，同時也為從兩個方向脫離這條科學路線敞開了方便之門。一個方向是肆無忌憚地用機械論解釋記憶現象，另一個方向是肆無忌憚地用身心平行論的觀點解釋人的心理。

　　如果說在不影響自身發展的條件下，資產階級學說可以允許帶有上述特點的唯物主義思想滲入記憶的心理學說，那麼到了二十世紀初，當唯心主義心理學處於發展鼎盛時期時，它向自己提出一個任務——證明機械唯物主義的記憶理論是沒有根據、不科學的理論，就是一件十分自然的事情了。唯心主義心理學試圖證明，記憶，如同唯心論的一位領袖柏格森（H. Bergson, 1859-1941）指出的那樣，是一個過程，沿著記憶這個過程，可以揭示物質與精神的真實關係。

柏格森有一本著作，名為《物質與記憶》（*Matter and Memory*），研究的正好是精神與身體的關係。於是，為了迎合這樣一個主題，記憶的問題在這裡就變成了精神與物質的問題。在書中，柏格森引用極其豐富的事實材料，特別是吸收病理學的研究材料，來分析腦損傷引起的遺忘症、失語症以及遺忘現象和言語障礙現象。

柏格森的一個基本觀點統領著整個記憶學說的哲學流派，這就是：從根本上說，存在著兩種不同的、互無關聯的記憶形式，也就是說存在著兩種記憶。一種記憶類似於在身體中發生的其他過程，這種記憶可以看作是「腦的機能」；在兒童身上還有另外一種形式的記憶在平行發展，這種記憶是一種「精神的活動」。如果我們想要把握真正的、純粹的精神活動，那麼按照柏格森的意見，我們就不應該求助於柏拉圖的「一般理念」（общая идея），而是應該求助於記憶、求助於表像。說到這裡，我想起了柏格森引用過的一個例子。

柏格森說：您瞧，我們正在記誦一首詩。記住了這首詩，我們就記住了一定的材料。這是記憶的一種形式。這種記憶的結構特別容易讓人想起人的運動技能——運動技能就是經由練習形成的，它的熟練程度取決於練習的次數和強度，有了運動技能，原先我們不可能完成的活動就變得可以完成。柏格森建議把這種記憶稱作「運動記憶」（двигательная память）。柏格森又說：但是，現在我不想回憶我曾經多次誦讀過的那首詩，我只是想告訴大家，當時我是怎樣記住這首詩的。那麼，這時我努力回憶的，是僅僅經歷過一次的事情，這種再現只出現過一次的事物的形象的記憶，是記憶的第二種形式。這種形式的

記憶是一種純粹的精神活動，它與練習無關，也不會產生新的動作技能。柏格森認為，這種記憶形式與腦的關係僅僅在於身體和腦是工具，沒有它們，這種純粹的心理活動就不可能實現。

　　柏格森分析了人在腦組織受傷以後出現的各種情況。他努力證明，腦部受傷以後，首先失去的是表現為動作技能的「運動記憶」，第二種記憶的缺損與腦損傷沒有這麼直接的關係。第二種記憶之所以出現問題，只是因為在腦損傷的情況下，人不再擁有足夠的、用以表現這種精神活動的器官和工具。換句話說，腦是以完全不同的方式參與這兩種記憶活動的。在第一種記憶中，大腦生產記憶；在第二種記憶中，大腦是純粹的精神活動的工具。大腦損傷使得這種純粹的精神活動既不能以詞的方式，也不能以言語表述的方式，也不能以表情動作的方式顯現出來。但是儘管如此，大腦本身與這種純粹是精神活動的記憶並沒有關係。

　　應該指出的是，和通常情況一樣，柏格森在這裡主要也是利用了在他之前就存在的所有機械論記憶理論的弱點。在指出這些理論把複雜的現象簡單化以後，為了證實記憶的唯心主義觀點，柏格森運用了大腦機能定位學說。他指出，記憶不僅沒有被定位在腦的某一個部位，而且記憶本來就不是腦的機能。柏格森是在利用當時在記憶領域與腦機能領域都占據統治地位的那些學說的疏漏，來建立自己的理論。他試圖以此證明，我們其實是帶著對個別事件的記憶進入精神世界的。人的意識有能力如此清晰地再現曾經經歷過的事物，就好像我們在現實世界中真正地看見了這些事物一樣。柏格森找到了證明人的精神功能不依賴其身體的主要依據。

但是，在和唯物主義的這場較量中形成起來的這些唯心主義記憶理論，絕不是記憶學說全部歷史的終結，也絕不是關於記憶問題理論爭辯的最後定論。事實上，假如我們把視線轉向近些年來出現的一些理論，就會看到唯物主義發生了某種轉變，會看到記憶學說的唯物主義路線開始以另外一種方式在發展。另外的一些人，一些生物學家、實驗室工作者和臨床工作者取代了柏格森。最讓這些人感到不滿意的，是對待記憶問題的二元論觀點。每天得到的實驗結果與柏格森賴以為基礎的觀點之間極其明顯的差別，常常使這些堅持實證觀點的學者惱怒不已。於是出現了一種趨勢，這就是把兩種記憶結合起來，把記憶視作一個整體。這種對立觀點的結合，使得那些不是在唯物主義框架內發展起來的觀點整合在了一起。在這些嘗試中，以創建了「記憶說」（учение о мнеме）的謝蒙（А. Семон）的觀點最為著名。謝蒙認為，保留過去事物痕跡的能力，是人和所有動物、植物都同樣具備的能力。

這個學說一方面重蹈海林的路線，但是另一方面，在它的身上實際上已經發生了任何一個絕對唯心主義學說在接近此類問題時都會發生的狀況。記憶說在布洛伊爾的學說裡發展到極盛，布洛伊爾希望自己的理論能夠成為「活力論」（витализм, vitalism）與「機械論」（механицизм, mechanism）交戰中的第三種力量。布洛伊爾的一本主要著作，書名就是《機械論、活力論和記憶論》。

可見，記憶說試圖了斷活力論與機械論的問題，這是兩個死胡同，它們使自然科學研究者陷入了困境。

記憶說的觀念似乎有助於克服機械論帶來的危機。至於記

憶說是不是能夠幫助心理學走出活力論的死胡同，這從下面的
敘述可以看出來。首先，記憶說緊密結合事實材料闡述自己的
觀點。和柏格森一樣，謝蒙也從兩個角度審視記憶現象。一方
面，他說記憶是所有意識的基礎，意識到某種東西，總是意味
著擁有對先前有過的意願的記憶；另一方面，布洛伊爾在他一
九二一年完成的一部著作中說，我們應該假設「精神形態的因
素」（психообразный фактор）是可能存在的。布洛伊爾把這
種「精神形態的因素」稱作「心理伊底」（психоид），他用這
個術語標記所有物質、甚至無機物質都具有的心理形態的起源。

　　布洛伊爾認為，在意識和物質之間隔著一道深淵，記憶的
功能就是在這道深淵上搭建起一座橋梁。可塑的性能，以及使
經受過的每一個影響都留下痕跡的性能，是連無機物質都具備
的屬性。布洛伊爾運用學生們蒐集到的豐富材料，說明過去的
影響是怎樣在無生命物質上留下自己的印記的。按照布洛伊爾
的觀點，物質的這種屬性是心理發展的基礎，人的心理連續發
展的階梯，就是從保留過去影響的痕跡開始的。這樣一來，通
過記憶這座橋梁，意識就和整個物質世界連接了起來；沿著記
憶的階梯一級級走下去，我們就能夠找到物質與精神的聯繫。

　　現在資產階級心理學圍繞記憶問題進行的哲學爭辯，最主
要就表現在這些方面。與此同時我們也要看到，對某個重大學
術問題的意見分歧通常不會只表現在一兩個方面，在記憶問題
上也是一樣。記憶領域的交鋒不只限於一般哲學觀點的爭論，
在純粹的事實研究和純粹的理論研究方面，也有許多的爭論，
引起各種不同思想相互碰撞。

　　起先爭論主要是發生在原子論觀點與結構論觀點之間。記

憶是聯結心理學青睞的領域，聯結心理學把記憶視作整個心理學的基礎。要知道，在聯結心理學裡，知覺也好，記憶也好，意志也好，都是以聯結的觀點作為研究的出發點。換句話說，聯結心理學試圖把記憶的規律擴展到所有其他的心理領域，它要把記憶的理論變成整個心理學的核心。結構論沒有能力在記憶領域向聯結心理學發起攻擊。知道了這一點，就比較容易理解，為什麼結構論學派與原子論學派的交鋒最初是發生在知覺領域。只是到了最近幾年，才有了許多實踐性質和理論性質的研究。結構心理學試圖用這些研究來粉碎聯結學派的記憶學說。

這些研究做的第一件事情就是證明，和知覺一樣，識記和記憶活動也遵循結構的規律。

很多人都還記得戈特沙爾特訪問莫斯科時，在心理學研究所做的報告。在這之後，他出版了自己工作中關於記憶的研究成果。研究者把幾個圖形按照不同的方式組合起來，一一呈現給受試者，直到受試者準確無誤地記住這些圖形為止。但是研究發現，當同一個圖形出現在更加複雜的結構中時，從未見過這個圖形的受試者，比起已經見過它五百次的受試者能更快地認出它。事實上，當把一個曾經見過數百次的圖形放進一個新的組合時，它會立即湮沒其中，因而受試者不能從這個組合中認出他曾經十分熟悉的那個部分。用和苛勒一樣的方法，戈特沙爾特證明，視覺形象的組合或者說「識記」，遵循的正是心理活動的結構規律，也就是說視覺形象的組合取決於整體，我們看到的某個形象或者形象的成分是這個整體的一個組成部分。在這裡，我不打算討論苛勒和他的同事們以動物和兒童為對象所做的顏色知覺實驗，這些著名實驗我們已經不止一次地談論

過了。我也不打算討論訓練實驗對象，使之形成與某種視覺結構相聯繫的技能的實驗資料。從家養雞的實驗到人的實驗，時時處處，我們都在探尋這些借助記憶形成的技能所具有的結構性質。在人身上發現的所有這些事實，都可以用「人永遠是對某個整體做出反應」這個原理來予以解釋。

我們再來看這些研究所做的第二件事情。勒溫的研究（從無意義音節識記研究發展而來）證明，無意義材料之所以被記住，正是因為受試者費了很大氣力在它的各個成分之間建立起一個結構。記憶成功與否，取決於受試者在識記材料的個別部分時，在頭腦中怎樣把它們組織起來。

另外一些人研究了記憶活動的一些新方面，我在這裡只介紹其中的兩項研究。對於提出某些問題來說，了解這兩項研究是很有必要的。

第一項是我國著名病理心理學家澤伊加爾尼克（Б. В. Зейгарник, 1900-？）的研究，它涉及的是對完整動作和不完整動作，以及完整圖形和不完整圖形的識記。研究是這樣進行的：讓受試者沒有一定次序地完成一些動作，其中一些動作讓他一直做完，另一些動作則在中途將其打斷。結果發現，受試者對被中斷、沒有完成的動作的識記效果，比對全部完成的動作的識記效果要好上一倍。可是知覺實驗的結果卻相反，受試者對不完整的視覺形象的識記，比對完整形象的識記要差。換句話說就是，識記自己的動作和識記視覺形象，兩者遵循的是不同的規律。從這裡到結構心理學在記憶領域裡最有意義的研究只有一步之遙，這些最有意義的研究是在「意願遺忘」的問題中得到闡述的。問題在於我們形成任何一個意願都需要我們的記

憶參與，如果我決定今天晚上要完成一件事情，那麼我就必須想得起來我應該做的是一件什麼事情。按照斯賓諾莎（B. Spinoza, 1632-1677）的意思，心靈不能自己決定做些什麼，如果它想不起來應該做什麼的話，因為「意願即是記憶」。

研究顯示，和識記其他任何形式的材料相比，在識記完整動作和不完整動作時，識記規律是以一種新的形式出現的。換句話說，結構論的研究證明，記憶活動有多種不同的形式，不能簡單地認為所有記憶活動都遵循同一個普遍的規律，比如說都遵循聯結的規律。

這些研究得到其他許多研究者的最廣泛的支持。

大家知道彪勒曾經做過這樣一件事情：他重複了聯結心理學做過的一個有關判斷的實驗，聯結心理學設計這個實驗，是為了研究對無意義音節、辭彙等的識記。彪勒的研究顯示，識記有意義的材料要比識記無意義材料容易。對於一個從事腦力勞動的普通人來說，識記二十對有意義的材料非常地輕鬆，可是要記住六對無意義音節卻常常顯得力不從心。顯然，思想活動的規律與表像活動的規律不同，對有意義材料的識記是按照材料之間的意義關係進行的。

另外一個事實也印證了同樣一個道理：我們在識記有意義的材料時並不依賴「詞」。比如說，在今天的講座中，我必須轉述許多我從很多書籍和很多研究報告中得到的資料。我很好地記住了這些資料的內容和意義，但是我卻難以再現作者們為表達這些意義和內容所使用過的詞句。

對意義的識記不依賴對意義的言語表述，這是許多研究者都得出的第二個結論。這個原理在動物心理實驗中也得到驗證。

桑代克（E. L. Thorndike, 1874-1949）在動物實驗中發現了兩種類型的學習：錯誤曲線緩緩下降，表示動物漸漸掌握學習材料，這是學習的第一種類型；如果錯誤曲線一下子就掉下來，這是學習的另一種類型。但是桑代克把第二種類型的學習視作一種例外。相反的，苛勒關注的卻是第二種類型的學習——有智慧的學習，一下子就完成的學習。這個實驗表明，在和學習活動打交道時，我們可以看到兩種不同類型的記憶活動。

　　任何一位教師都知道，有些材料是需要反覆學習才能記住的，而有些材料一下子就能掌握。要知道，無論是誰，也無論在什麼時間和場合，人都不會試圖記住某道算術習題的答案；因為對於算術習題來說，只要一次弄明白解題的過程，下次就完全可以順利地解答出來。同樣地，掌握一個幾何定理與記住一個拉丁語句子，記住一首詩或者記住幾個語法規則，記憶所依賴的基礎也是不一樣的。

　　這就是識記思想，即識記有意義材料與識記無意義材料的差別，就是這個存在於不同研究領域的矛盾，開始愈來愈清楚地突顯在我們面前。結構心理學對記憶問題的重新審視，以及研究者從不同角度進行的實驗——關於這些實驗我最後還會講到——提供我們一大堆材料，使得事情以一種全新的狀態展現在我們面前。

　　現代研究獲得的事實材料以不同於過去的方式，比如說不同於布洛伊爾的方式，提出了記憶的問題。研究者們公布了這些材料，並且把這些材料放到一個新的位置，嘗試著從一個新的角度來審視它們。

　　如果我們說記憶發展的問題是一個關鍵的問題，記憶的許

多理論認知和事實材料都聚集在這個問題上，我想我們並沒有說錯，發展的問題在任何其他領域都不像在記憶領域這樣混亂不堪。一方面，兒童在出生時就已經有了記憶，但是，如果說這個時候記憶是在發展的，那麼這種發展就是在以某種隱蔽的形式進行。心理學研究沒有為分析這種記憶發展提供任何有指導意義的線索，結果，無論是在哲學爭論中，還是在對事實材料的實際研究中，許多記憶問題就以形而上學的形式被提了出來。彪勒認為，對思想的識記不同於對表像的識記，對思想的識記效果要好一些，但是研究顯示，兒童對表像的識記要好過對思想的識記。許多研究動搖了這些理論的形而上學的根基，其中包括我們所關注的有關兒童記憶發展的理論。你們知道，記憶發展的問題在心理學界引起了激烈的爭論。一些心理學家確信記憶是不發展的，他們認為兒童在一開始發展時，記憶就已經達到了最好的水平。我不打算具體闡述這個理論，但是許多觀察研究確實顯示，幼年時期兒童的記憶力非常強，隨著兒童的發展，記憶力會變得愈來愈弱。

只要想一想我們學習外語有多麼費勁，而小孩子掌握一門外語又是何等的輕鬆，就足以看出，幼年時期對於語言學習有多麼重要，幼年時期彷彿就是為學習語言而準備的。美國和德國完成了一些教育性質的實驗，他們把外語教學從中學下移到學前機構。萊比錫的實驗證明，學齡前兩年的外語教學成績大大優於中學七年的教學。外語學習的成效隨著學習時間提早而提高。我們只能熟練地掌握我們在幼年時就掌握的語言。只要好好想一想就能發現，在掌握語言方面，幼兒比成熟年齡的兒童占有更大的優勢。事實證明，讓兒童在早期年齡同時學習兩

三種語言，每一種語言的掌握速度都不會比單獨學習這種語言時慢。塞爾維亞人帕夫洛維奇（Павлович）對自己的孩子做過一個實驗：他只用塞爾維亞語和孩子們交談，而母親則和孩子講法語。結果是塞爾維亞語也好，法語也好，孩子使用語言的完善程度或是學習語言進步的速度，都沒有因為兩種語言同時存在而受到影響。約爾根（Иорген）的研究也是有價值的，他讓十六名兒童同時學習三種語言，研究顯示，孩子學習三種語言都同樣地輕鬆，一種語言並不會影響另一種語言。

　　在幼兒階段教兒童識字和讓幼兒學習初等算術的實驗結果，使萊比錫學派和美國學派確信，在兒童五、六歲時就教他識字，要比等他長到七、八歲時再教來得容易。一些莫斯科的研究資料也得到同樣的結論：比起在早期年齡就開始識字的兒童，九歲開始識字的兒童遇到的困難要大得多。

　　目前教育界有一種意見，主張減去學校的一些課程，因為兒童可以在學前階段透過玩耍和遊戲，學會那些進學校後需要花費大量時間才能學會的科目。我引用這些例子，只是想說明，在早期年齡記憶力有多麼的厲害。我們不能把早期年齡兒童的記憶與少年，尤其是成年人的記憶作任何的比較。三歲的兒童能夠輕鬆地掌握外語，但他卻不能理解地理學方面的系統知識，而在外語學習上吃力的九歲小學生，輕輕鬆鬆地就學會了地理學，而成年人在識記系統知識方面的能力又超過了兒童。

　　還有一些心理學家試圖在這個問題上保持中立的態度。他們試圖查明記憶是在什麼時候達到巔峰狀態的。其中有一位名叫賽德爾（Зейдель）的學者，是德國心理學家格羅斯（K. Gro-os, 1861-1946）的學生，他掌握了非常豐富的資料。他試圖證

明，兒童在大約十歲的時候，記憶力的發展就已達到巔峰，之後記憶力就開始逐漸減弱。

所有這三種觀點，以及它們存在的本身，就證明了上述學派將記憶發展的問題簡化到了何種程度。在它們看來，記憶的發展是某種簡單的向前或者向後，是某種上升或者下落，是某種不僅可以在平面上，而且也可以在線性方向上用一條直線表示的運動。事實上，如果以這種線性的尺度來度量記憶發展，我們就會碰到一個矛盾：我們會看到這樣一些事實，對它們既可以說「是」，也可以說「不是」，因為記憶的發展是如此複雜的一個過程，以至於不能用線性的觀點去審視。

為了能夠簡單扼要地介紹解決這個難題的方法，我應該提及兩個問題。其中一個問題在俄羅斯的許多著作中都有所闡述，我就只是大致地說一下。這裡說的是關於區分兒童記憶發展的兩條路線，也就是證明兒童記憶發展不是只有一條路線的嘗試。特別要指出的是，這種區分是我和我的同事們許多記憶研究的出發點。列昂節夫（А. Н. Леонтьев, 1903-1979）和贊可夫（Л. В. Занков, 1901-1977）的實驗找到了證實這種區分的證據。毫無疑問，我們直接識記某個材料，和我們借助於某種輔助手段識記某個材料，所涉及的是不同的心理操作。比方說，為了提醒自己不要忘記某件事情，我們會在頭巾上繫一個結。毋庸置疑，在這種情況下，我們記住這件事情的方式和沒有這個結時是不一樣的。在研究中，我們給不同年齡的兒童展示同樣的材料，請他們用兩種不同的方式記住它們：第一次是直接識記，第二次提供許多可以用來幫助記憶的輔助手段，要求孩子們利用這些輔助手段記住所給的材料。

　　研究證明，在借助輔助手段識記時，兒童心理操作的領域和直接識記時不同，因為這種記憶方式要求兒童的，與其說是記憶，不如說是建立某種新的聯繫、新的結構技能和豐富的想像力，有時還要求兒童擁有發展良好的思維能力，而這些心理品質在直接識記中沒有什麼實質性的作用。

　　事實上，如果我們選擇任何一個年級的學生，根據直接識記和間接識記的能力分別給他們排隊，我們會看到在兩份名單上學生排列的順序不會一樣。研究發現，直接識記和間接識記，每一種識記方式都有自己的活動進程和發展曲線。列昂節夫嘗試著畫出了這兩條發展曲線。

　　這項研究在很多書裡都有介紹，這些書你們大多數人都知道；一些新的資料我也已經提到，這個問題我就不多講了。你們知道，要講清楚這個問題可能需要專門做一個報告。

　　理論研究證實了下面這個假設的正確性：在歷史發展中，人類記憶的發展基本上是沿著間接識記的路線進行。也就是說，人在自身發展過程中養成了一些新的記憶方式；借助於這些新的方式，人可以讓記憶服從自己的目的，可以控制記憶的進程，從而使記憶愈來愈符合人的意志，愈來愈具有人的意識特點。特別是，我們認為，間接識記的問題導致了言語記憶的問題，而言語記憶對於現代文明人來說具有十分重要的意義，因為，言語記憶正是建立在識記用語言文字記錄和表述的事件的基礎之上。

　　這些研究把原本處於擱淺狀態的兒童記憶發展問題向前推動了一點，而且把它移動到了稍稍不同的另外一個層面。我並不指望這些研究最終能夠解決問題；準確地說，我更傾向於認

為這些研究帶有過分簡單化的毛病。可是在當初，我們卻不得不聽到另外一種相反的說法，好像這些研究把簡單的心理學問題複雜化了。

至於如何評價這些研究，我不想多加評論。我所要講的只是，這些研究直接導致了另外一個問題（我想把它作為我們研究的主要問題），一個清楚反映在記憶發展中的問題。這就是：您在研究間接識記，也就是依靠某些符號或者某些方式進行的識記，這時您會發現，記憶在心理功能系統中的位置發生了變化。在直接記憶條件下被記憶直接獲取的東西，在間接識記條件下卻要借助一系列的心理操作才能獲得，而這些心理操作可能和記憶沒有任何的共同之處。可見，在這裡，在間接識記的過程中，一些心理功能彷彿被另外一些心理功能取代了。

換句話說，隨著年齡的改變，不僅僅是，也不主要是被稱之為「記憶」的心理機能本身的結構在發生改變；更重要的，是幫助識記過程得以進行的那些機能的性質在發生改變，是把記憶與其他機能聯繫起來的機能之間的相互關係在發生改變。

在上一次的講座中，我曾經就機能之間相互聯繫的現象舉過一個例子，現在請允許我再回到這個例子。這就是，年齡大一些的兒童不僅在記憶方式和記憶效果上與小齡兒童不同，而且在記憶所起的作用方面與小齡兒童也不同，這一點很是引人注意。

在兒童發展的早期階段，記憶是決定其餘所有機能發展的基本的、主要的心理機能。研究顯示，這個年齡階段的兒童，思維在很大程度上取決於他的記憶。和更成熟年齡的兒童完全不同，對早期年齡的兒童來說，思維就意味著回憶，也就是說

早期年齡兒童的思維依賴他先前的經驗，依賴他對先前經驗的改造。在這個年齡階段，思維的發展直接決定於記憶。思維和記憶在任何年齡階段，都沒有像在這個年齡階段這樣有如此密切的相互關係。我舉三個例子。第一個例子涉及到兒童對概念的定義。兒童給概念下定義是以回憶為基礎的。比如說讓兒童回答什麼是蝸牛，他會說蝸牛小小的，滑溜溜的，人們用腳會踩死它；如果要求兒童描述小推車，他就會說小推車帶著「柔軟的坐墊」。在這樣的描述中，兒童回答的是在記憶中被壓縮了的事物的輪廓，這些回憶起來的景象再現了物體的形象。

由此可見，兒童在標記概念時，與其說是在思考概念本身的邏輯結構，不如說是在回憶；兒童思維具體的特點，兒童思維含混不清的特點，都是兒童思維首先決定於記憶這一事實在另外一個方面的表現。

我要舉的第二個例子，是我們在觀察兒童時極少遇到的一種情況。我們發現，在某些兒童身上，記憶在所有的思維結構中都具決定的作用，其中包括兒童直觀概念的發展。他們的「一般表像」（общее представление）來自於概念的具體環境；結果，通過某種組合的方式，就產生出完全與記憶聯繫在一起的、還不可能具有抽象性質的「一般概念」（общее понятие）。

最近對兒童思維形式的研究——斯特恩曾經論述過這些研究，首先是對所謂的「轉導」（транстукция），也就是思維從一個場合轉換到另一個場合的研究，也證明這種思維的轉移不是別的什麼，而是因為這一個場合使人想起了另外一個類似的場合。

處於早期發展階段的兒童表像和記憶發展的特點，是我要

舉的第三個例子。分析這些兒童的表像和記憶，其實就是分析詞的意義，這些和我們下一次講座的主題有直接的關係。但是，為了給下一次講座做準備，在這裡我還是想先說幾句。思維領域的研究顯示，隱藏於兒童辭彙背後的聯繫，和隱藏於成人辭彙後面的聯繫，兩者是完全不同的；兒童詞義的形成不同於成人的表像和成人詞義的形成。其區別在於：和成人一樣，兒童對事物的概括認識也是隱藏在辭彙所有意義的背後，但是兒童概括事物（обобщать веищ）的方式和成人概括事物的方式是不相同的。比如說，兒童所特有的概括事物的方式直接取決於一個事實，即兒童的思維完全依賴於他的記憶。兒童表像的組織方式，和我們家族姓氏的組成方式是一樣的。對於兒童來說，詞的名稱、現象的名稱，與其說是一些相識的概念，不如說是一些姓個氏，是一些由直觀聯繫連接在一起的直觀的對象。

因此，在早期發展階段，是兒童的經驗，以及在兒童記憶中已得到證實的經驗的直接影響，在直接決定著兒童思維的全部結構。這一點從心理發展的角度就看得很清楚：站在發展起點的不是思維，尤其不是抽象思維；在兒童發展的起始階段，記憶是決定性的因素。但是隨著兒童的發展情況在發生變化，在即將跨入少年期時，兒童邁出了關鍵的一步。研究顯示，在兒童期臨近結束時，記憶與其他功能的關係在向著相反的方向發生根本的改變。如果說對於早期年齡的兒童來說，思考意味著回憶，那麼，對於少年來說，回憶則意味著思考。少年的記憶是如此地合乎邏輯，以至於識記被歸結為建立和發現各種邏輯關係，而回憶則是尋找那些把各種邏輯關係連接在一起的點。

「邏輯化過程」（логизация）也在向著相反的方向進行，

這種反向表明在發展過程中，功能之間的關係發生了怎樣的改變。在向少年期過渡的時期，發展的中心是形成概念，這時所有的表像和概念，所有的思維形成物，都已經不是按照家族姓氏的形式，而是按照真正的抽象概念的形式組織起來。

我們看到，正是發展早期階段決定思維綜合性質的依屬性本身，在繼續改變著思維的性質。毫無疑問，同樣的材料，用「概念思維」的方式識記和用「綜合思維」的方式識記，看起來相似，面臨的任務卻完全不同。當我借助於概念思維，也就是借助於包含在思維本身的抽象分析來識記面前的材料時，呈現在我面前的邏輯結構，與我用其他方法研究這個材料時的邏輯結構完全不同。在兩種不一樣的場合，材料的意義結構是不一樣的。

因此，在研究兒童記憶的發展時，與其說應該從研究記憶本身發生的改變著手，不如說應該從研究記憶在許多其他機能中所處的地位著手。我們看到，在早期年齡階段，記憶是占據統治地位的機能，記憶決定著思維的某種類型；同時我們也看到，向抽象思維的過渡也會導致另一種方式的識記。顯然，如果以線性的觀點對待兒童記憶發展的問題，記憶發展的問題是無法解決的。

下一講我們將主要討論思維的問題。我會努力說明記憶與思維相互關係的改變，能夠導致幾種基本的思維形式，這些基本的思維形式可以繼續改變，變成一些新的形式。我們要討論的，就是這些新的思維形式的特點。

思維及其在兒童期
的發展

按照順序，今天應該輪到討論思維和思維發展的問題了。我們還是從簡要分析對今日思維心理學問題仍然有現實意義的那些理論觀點說起。

和往常一樣，以歷史發展的眼光，聯結論的嘗試照例應該擺在第一位，因為是聯結論最先開始用實驗的方法解決思維問題的。不過，在這個問題上，聯結論遭遇到了鉅大的困難。用觀念聯結的觀點來解釋思維所具有的「有目的」的性質，是一件非常麻煩的事情。觀念之間的聯結關係，就是一個觀念引出另一個在空間上或者時間上與之有聯繫的觀念。但是，在源源不絕的觀念流中，思維的「目的性」是怎樣產生的呢？為什麼在如此眾多的觀念中，會出現一些和我們面臨的思維任務有關聯的觀念組合？這些觀念怎麼會按照一定的邏輯關係相互連接起來，它們是怎麼籌畫，又是如何運作的？還有，和一個詞跟著另一個詞串接成聯結鏈條的簡單聯結相比，人在解決一定任務時的思維又有哪一些特點？所有這些問題，除非嘗試引進、增補一些當時實驗心理學從不知曉的概念，否則聯結論是無法回答的。

用實驗來解釋思維的目的性和思維過程中連接進程的邏輯有序性，這種嘗試最早是借助於引進「執著性重複」（персеверация）或者「執著性重複傾向」（персеверативная тенденция）的概念完成的。這個嘗試的實質在於：心理學家們開始設想，在我們的意識中，除了聯結的傾向（即意識中的每一個觀念都具有引發另一個與之連接的觀念的傾向）以外，還存在著另外一種彷彿與之對立的執著性重複的傾向。執著性重複傾向的本質是：任何一個潛入意識的觀念，都有在這個意識

中固守、滯留的趨勢；如果這個觀念被另外一個與之連接的觀念排擠和替代，那麼一旦有機會，它本身所具有的沖入聯想過程、回到原來的觀念組合的執著性重複傾向就會表現出來。

　　許多作者的實驗研究都證明，無論是無拘無束的自由聯想，還是按照事先規定的某種順序來選擇和搭配觀念，這種執著性重複的傾向都的確是我們的觀念所固有的性質。

　　當時的心理學試圖用聯想傾向和執著性重複傾向的結合來解釋思維的過程。愛賓浩斯（Ebbinghaus, H., 1850-1909）最為生動地表述了這個思想。愛賓浩斯說，思維是居於糾纏不休的念頭和思想的旋風與跳躍之間的某種折衷的東西。

　　就像你們所知道的那樣，所謂「糾纏不休的念頭」，就是人的意識擺脫不掉的、固執地不斷重複的念頭。在感受中，它好像是意識在行進途中遇到的一個障礙，憑藉隨意努力不能使意識越過這個障礙。所謂的「思想的旋風或者跳躍」是我們意識的一種病理狀態，它的特點是思想不能長久地停留在一個地方；一個念頭，或者因為聲音相似，或者因為形狀相似，或者因為偶然地同時發生，要不就是因為一個外來觀念的突然闖入，而被另一個念頭所替換。於是就給人一種印象，好像思想是在跳躍；而這樣的思想跳躍，大家知道，是「燥狂症」興奮的臨床表現。於是愛賓浩斯就認為：思維，這是表現為強迫思維的極度執著性重複傾向，與表現為思想急遽變化或跳躍的極度的聯想傾向之間的某種折衷的東西。

　　愛賓浩斯用一個很簡單、很直觀的例子非常深刻地闡述了他那個時代的基本觀點。愛賓浩斯說，請您想像一下這樣一種情景：一個被反鎖在房間裡的人得知房子著火，於是他要尋找

逃生的辦法。這個時候他的舉止會是怎樣的呢？一方面，他的
舉止會讓人想起患有「思維跳躍症」的病人。他會時而從窗口
撲向房門，時而坐等救助，時兒又撲向房門，他的思想會從一
處跳向另一處。但是，另一方面，這個人的舉止也會讓人想起
患有「強迫思維症」的病人；因為無論他在做什麼，在他的意
識中始終都會有一個基本的觀念在固執地重複並且決定著他思
維的方向，這個念頭就是：怎樣才能從快要著火的房間逃出去。
在思維正常工作的情況下，是思維在保證著某個穩定的因素，
保證著某個念頭反覆地出現；在這種場合，是我們正在思考的
內容，我們思維活動的對象在履行這項任務。在這個時刻，思
維就是在意識中反覆再現的觀念；而在意識中展開的整個聯結
的鏈條（我們就是從這個鏈條中選取我們的思維所需要的東
西），以及聯想鏈條的快速運動，是另外一個對立的傾向，即
聯結傾向的具體體現。

　　愛賓浩斯用這兩個傾向的分裂來解釋患有思想強迫症和患
有思想奔逸症的病人的思維。

　　愛賓浩斯指出，聯結的傾向和執著性重複的傾向，都是正
常意識所固有的傾向，但是它們以分裂的形式存在於精神病患
者身上。關於兒童的發展，他是這樣解釋的：在兒童身上最早
表現出來的，是非常明顯的執著性重複傾向。兒童可以非常長
久地沈浸在有趣的印象之中，為此他可以一直重覆地做同一件
事情而不會感到疲勞；就像從大量實例中得知的那樣，他會一
次又一次地回到他感興趣的事情。可見，使整個過程保持某種
一致的執著性重複傾向，是兒童自小就有的特點。聯結的傾向，
活動替換、觀念替換的傾向，同樣也是兒童的特點。但是，所

有的不幸在於，這兩個傾向在兒童身上沒有結合在一起，它們的合作不像在成年人身上那樣有計畫和協調，以致兒童不能像成年人一樣進行有邏輯的思維。

於是，信守自己兩個傾向理論的聯結論就這樣解釋兒童思維的發展過程：聯結的傾向和執著性重複的傾向是思維機能的組成成分，一開始它們是相互分離的，只是在發展的過程中結合在了一起；這兩個傾向的結合是兒童思維發展的主線。

聯結論的這個觀點是站不住腳的，這一點很快就在實驗中顯露出來，於是就有了德國心理學家阿赫（Ach, N.,1871-1946）為挽救聯結論思維學說的基本骨架而提出最新理論的嘗試。

大家知道，阿赫在其關於思維問題的早期著作中表達的基本觀點，就是認為用聯結和執著性重複這兩個傾向不足以解釋人的思維過程。他要證明，僅憑聯結和執著性重複的觀點，我們還不能解釋思維的理性特徵；因為，只要稍微想像一下我們就很清楚，穩定存在的觀念也好，從觀念向四面八方散開的聯結鏈條也好，都絕不可能和這些聯結鏈條的有目的、有理性運動的性質發生關係。用兩個傾向的結合解釋思維過程的嘗試屢屢受挫，使得對兒童思維的實驗研究分成了三條不同的路線。

第一條研究路線導致了「現代行為主義」（современный бихевиоризм）的產生，實際上，正是這條研究路線使得行為主義這個陳舊的學派起死回生。華生（Watson, J. B., 1878-1958）及其同道者的理論是這條研究路線的代表。在華生等人看來，思維過程只不過是簡單地用聯結來替換或者以未發育的萌芽形式出現，或者以裸露的形式出現的某種原始活動的過程。在把聯結的傾向和執著重複的傾向結合成「嘗試和錯誤論」（теория

проб и ошибок）的過程中，華生的理論始終堅持這個觀點。
「嘗試和錯誤論」最初是為了解釋動物在困難情境中的行為而
提出來的。在這個學說中，我們的確可以找到這種聯結傾向和
執著性重複傾向組合的最純粹的心理表現，因為動物在用「嘗
試和錯誤法」行動時的表現，和愛賓浩斯假設的那個人是完全
一樣的，這個人的思維就是聯結傾向和執著性重複傾向的組合。

　　按照這個學派一位最重要的代表人物的說法，聯結主義面
臨的一個最主要的問題，就是要對兩個機械的運動傾向怎麼會
產生出有理性的智慧活動做出解釋。他說，解決這個問題的辦
法，和解決哥倫布豎雞蛋那類問題的辦法是相似的，所需要的
只是宣布：所謂「人的思維的理性活動」實際上是一種錯覺；
只是因為思維會帶來實際的好處，因為思維能夠產生適合目的
的、有價值的結果，思維才會被我們看成或者想像成有理性的
活動，而事實上，思維永遠都是按照嘗試和錯誤的樣式構建的。
也就是說，所謂的「人的思維的理性活動」永遠都是盲目的聯
想過程的偶然結果，執著性重複的傾向是支配聯想過程的興奮
劑，它總是朝著某個確定的方向驅趕這些聯想的過程。

　　另外一些心理學家的工作則朝著相反的方向進行。要得出
這樣一個徹底的結論，即本質上理性的活動模式可以由非理性
的成分構成，這些心理學家既缺乏足夠的勇氣，對聯結論原則
也缺乏足夠的信心（當時聯結原則的正確性已經開始動搖）。
他們打算，無論如何，也要在不動用任何可能動搖聯結論根本
前提的思想觀念的情況下，對確實存在的人的思維的理性特徵
做出解釋。阿赫代表了思維研究的一個時代，他的研究就是沿
著這樣一個方向進行的。阿赫決心為在盲目擺弄兩個機械刻板

傾向的過程中產生的人的理性思維尋找源頭，他決定在意志過程中尋找這個源頭。他的第一部著作《意志活動與思維》，研究的就是意志活動與思維的關係。阿赫用實驗揭示，意志活動是和一種新的傾向相聯繫的活動。在實驗心理學原有的並且得到公認的執著性重複傾向和聯結傾向之上，阿赫又添加了第三個傾向——「決定的傾向」（детерминирующая тенденция）。他試圖從三個傾向的組合中引申出人的思維的理性特徵，走出一條與行為主義相反的研究道路。「決定的傾向」的主要觀點是：除了聯結傾向和執著性重複傾向這兩個原始的傾向，還存在著一種獨立的、擁有決定力量的觀念；這種觀念能夠調節聯結過程的方向，就像我們在靜心思考時，為了不分心，能夠通過有意識的意志努力控制聯想的方向一樣。阿赫認為，「決定－連接」觀念（детерминированно-ассоциативное представление）的這種能力不是任何觀念都具備的，只有具有一定目標的觀念，也就是說本身包含有活動目的的觀念，才具備這種能力。

這樣一來，為了找到人的理性思維的源泉，阿赫站到了目的論的立場上。一方面，他努力地使自己的理論與符茨堡學派（Würzburg school）的極端唯心主義的「活力論」（витализм, vitalism）思想——活力論認為思維的目的性是原始存在的——相對立；另一方面，他又努力地使自己的理論與舊的機械主義聯結學派相對立。阿赫試圖用這三個傾向的結合來解釋思維的最主要的基礎。他試圖說明，我們思維的理性性質是怎樣隨著這種有目的的、能夠控制聯結過程盲目性的「決定－連接」觀念的並入而產生的。但是阿赫的嘗試無論在理論上還是在實驗中都行不通，和聯結論一樣，阿赫也走進了一條死胡同。

　　心理學的全部發展歷史為第三條研究路線的出現做好了準備，這是一條不加掩飾的唯心主義道路，它的出現是對聯結學派的原子說性質的反抗。重新審視聯結學派基本理論的工作是由所謂的符茨堡學派完成的，這個學派由屈爾佩（Külpe, O., 1862-1915）的學生組成。眾所周知，屈爾佩學生們的基本思想和這個學派的實驗研究的基本思想一樣，都非常嚴格地把思維與心理活動的其他過程分隔開來。當時，在記憶領域以及在心理活動的其他領域，聯結的規律都被認為具有充分的說服力，而在思維領域，聯結的規律卻顯得根據不足。

　　符茨堡學派（這個學派大家都很熟悉，在這裡我就只簡略地講一講）完成的第一件事情，是特別強調我們思維的抽象、非感性、非直觀和無定形的特點。符茨堡學派和比奈（Binet, A., 1857-1911）領導的巴黎學派在思維領域中有過很好的合作。和巴黎學派一樣，符茨堡學派也在許多研究報告中描述了人的豐富多樣的意識狀態：或者形象豐富卻缺乏思想，比如我們的夢境；或者相反，思想豐富卻缺少形象，比如比奈報告中描述的頂級棋手在比賽時的意識狀態。這些深入的研究顯示人有這樣一種思維，在這種思維中很難捕捉到任何形象、具體的東西，常常是我們還沒有來得及捕捉與思維相隨的辭彙，思維過程就已經完結。如果具體的形象和個別的辭彙出現在我們的體驗中，又能夠被自我觀察登錄下來，那麼確切地說，這些形象和辭彙在思維過程中只是具有偶然的和表面的性質，任何時候都不會成為思維過程的真正核心。思維是無定形的、非感性的，這個武斷的定論成了從符茨堡學派分離出來的極端唯心主義思維學說的出發點。這個學派的基本哲學，是把思維說成是和感覺一

樣的、原始的、初起的活動。屈爾佩明確直接地表達了這個思想，它成為整個符茨堡學派的口號。

　　和聯結論心理學不同，這個學派的心理學家拒絕從我們意識所固有的比較簡單的傾向的組合中引申出思維。他們說，一方面，思維是和更簡單、更低等的心理活動形式完全不同的心理活動；另一方面，思維又和感覺一樣是原發性的，因此思維無須依賴經驗。這樣一來，思維就被他們理解為一種原始的功能，理解為人的意識所必須具備的一個心理前提。

　　如果以屈爾佩的觀點來看待思維，那就好像突然間得到了一根魔杖，只要拿起揮舞幾下，幾代心理學家都沒能解決的問題，轉眼之間就化為了烏有。要知道，對於自然科學的心理學家（首先是聯結學派的心理學家）來說，困難的是如何解釋思維的理性特徵；然而就是在這裡，思維的理性特徵被理解為某種原始的、思維活動一開始就固有的、和人的感覺意識一樣無須解釋的東西。因此，以杜裡舒（Driesch, H., 1867-1941）和其他研究者為代表的「心理活力論」（психовитализм）剛一出現就擁護這個學派，就是一件很自然的事情了。心理活力論者非常了解自己的觀點，他們試圖證明，理性的活力不是長期發展的晚近產物，而是一開始就存在於有生命物質內部的某種東西。杜裡舒說，無論是解釋人類思維的發展，還是解釋任何一條蠕蟲的行為，假設理性的活力起源的存在都有同樣的必要。

　　試圖從絕境中拯救思維問題的三種不同的實驗思想就簡單說這些。聯結論毫無意義地擺弄聯結的傾向，試圖從形形色色的聯結組合中引申出人的思維的理性特徵以及人的有目的的思維活動。聯結論這種沒有止盡的嘗試，把思維問題逼進了死胡同。

在這裡，我既不打算介紹這些思維學說之間更為複雜的相互關係，也不打算介紹在當時或是晚些時候出現的許多解決這些問題的新方法。所有的人都很清楚，如果說符茨堡學派和現代行為主義學派都是因為不滿聯結論而產生的話，那麼就兩者的關係而言，它們卻是兩個相互對立的學派，而且在某種程度上可以說，行為主義的出現，是對符茨堡學派的抵抗。

在引起我們興趣的這個問題的歷史中，結構論的思維理論（структурная теория мышления）的地位有些特別。我們在關注剛才提到的那些在與聯結論的對立中興起的理論分支的同時，如果還能注意到「完形理論」出現的某些歷史條件，我們對它就會有一個正確的理解。完形理論和聯結論必然是對立的。有一種錯覺，以為完形理論是在聯結論之後直接產生的，然而歷史事實卻不是這樣。聯結論導致許多流派的出現，剛才提到的只是其中最主要的三個。這些流派都把思維理論引向絕路，其表現，是出現了最純粹的、彷彿被徹底分解開的活力論的思維理論和機械論的思維理論。只有到了這兩種思維理論都遭到失敗、這兩條路線都使實驗陷於僵局的時候，結構的理論才會應運而生。

結構心理學的基本任務是戰勝聯結心理學，但既不是用活力論的思維方法，也不是用機械論的思維方法。結構心理學最大的貢獻是由它完成的一次轉變。結構心理學把研究本身轉到了另外一個平面，在這個平面上，學術研究擁有運轉的空間，因而不至於一下子就撞進資產階級機械論或者活力論的死胡同。在這個方面進行過的所有論戰，在考夫卡的著作中都有清楚的記述，這些就不具體講述了。我要說的只是一點，這就是在解

決思維問題方面，結構心理學的成果是最少的。如果不算上含韋特海默爾（Wertheimer, Max., 1880-1943）的《有效思維心理學》（психология продуктивного мышления），以及從事病理心理學研究的格爾布（A. Gelb）和戈爾德施泰因（Goldstein,K., 1878-1965）的一些研究，那麼結構心理學在思維領域的研究成果就只有苛勒的一本很著名的重要著作。這個著作的問世使當時的動物心理學大大向前跨進了一步。這本著作廣為人知，在此我也就不多講了。

但是，無論有多怪異，苛勒的工作的確在心理學領域造就了一種與眾不同的趨勢。兒童心理學的思維觀點很接近我們的話題，以此為例能夠很容易地說明這個趨勢。我指的是在思維理論裡出現的精心組織實驗、用生物學觀點對待人的思維、力求以此克服符茨堡學派極端唯心主義觀點的一種獨特的生物學趨勢。

在思維理論發展的這個新階段裡興起的這些學派，在澤爾茲（Selz, O）的一部名著中有最充分的介紹。這本著作用了整整一冊的篇幅，專門比較苛勒的黑猩猩實驗資料和澤爾茲本人關於人的有效思維的實驗資料。在彪勒的著作中也能看到上述這些流派的影響。

和彪勒一樣，澤爾茲後來也離開了符茨堡學派。他站在符茨堡學派和結構心理學信仰者相結合的立場上，用生物學的思維觀點調和兩者之間的矛盾。

在兒童心理學領域，就像大家知道的那樣，這些觀點在彪勒的著作中有最充分的發展。彪勒直言不諱地說，生物學觀點和童年期是解救符茨堡學派思維理論危機的出路。在彪勒的著

作中我們看到了走出危機的方法。在彪勒看來，走出危機的首要辦法，就是站在生物學的角度來研究兒童的思維活動，把兒童思維看成是高等猿猴的思維與高度發達的人的思維之間所缺少的一個歷史環節。

　　如此一來，兒童的思維就被放在了兩個極端的環節之間。既然這些作者把兒童思維看成是從純粹的動物思維向純粹的人的思維轉變的生物過渡形式，於是他們就試圖從兒童的生物學特點中引申出兒童思維的特點。

　　我認為，我們都很熟悉的皮亞傑的理論就屬於這一個歷史分支，或者說這一個歷史理論派別。皮亞傑的理論是一定要提的，這不僅僅是因為皮亞傑的理論把最豐富的事實材料引進了現代兒童心理學的思維理論，而且還因為，對許多相近學說剛剛觸及的一些問題，皮亞傑的理論進行了勇敢、徹底的邏輯思考。

　　在思維發展過程中生物因素和社會因素彼此關聯，是皮亞傑理論的主要思想。在這個方面，皮亞傑的想法非常簡單。皮亞傑和精神分析學家佛洛伊德（Freud, S., 1856-1939），以及追隨佛洛伊德的布洛伊爾都接受以下的觀點：在兒童思維發展的起始階段，思維是受「唯樂原則」（принцип удовольствия, pleasure principle）的支配；換句話說，在早期年齡，驅使兒童嚮往任何另一種活動的動機，也就是兒童思維的動機；換言之，兒童是為了得到快樂而活動的。和這些作者一樣，皮亞傑也因此而認為早期年齡兒童的思維是一種以獲取快樂為目的的、半本能的、純粹的生物活動。

　　布洛伊爾把兒童的這種思維稱作「內向性思維」。皮亞傑

對它有不同的稱呼，他有時把它稱為「沒有明確目的的思維」（與更成熟年齡兒童的有明確目的的邏輯思維相區別）；有時又把它叫做「睡眠思維」，因為它在睡夢中，特別是在兒童的睡夢中，表現得更加鮮明。不管如何稱呼，皮亞傑都是把這種內向性思維當作發展的起始點。皮亞傑對內向性思維有過非常形象的描述，他說，內向性思維與其說是我們所說的那種意義的思維，不如說是一種飄忽不定的幻想……。但是在兒童發展的過程中，兒童與要求兒童適應成人思維方式的社會環境時常發生衝突。在這種情況下，兒童就要學習語言，語言迫使兒童的思維逐漸分化，變得縝密。語言要求的是已經社會化的思維形式。兒童的言行舉止發生在社會環境之中，這就要求他既能夠理解並且回應別人的想法，也能夠向別人傳達自己的思想。

從所有這些交往方式中產生出一個過程，皮亞傑形象地把它叫做「兒童思維的社會化過程」。皮亞傑對這個過程的描繪，使人想起「私有財產社會化」過程。兒童的思維屬於兒童個人，它是以某種生物個體形式而存在的兒童的「個人財產」，但是兒童的思維被周圍環境強加給他的思維形式排擠和替換。皮亞傑認為，兒童思維的自我中心主義，是從兒童思維邁向社會化的、合乎邏輯的成人思維轉化的過渡階段，是兒童夢幻般的我向思維和成人社會化的邏輯思維（因為成人思維是借助邏輯形式和受邏輯形式控制的概念實現的，因而已經失去了「私有財產」的性質）之間的一種過渡的或者混雜的形式。皮亞傑對待思維的一些主要問題的態度就是這樣的。

我們只是倉促、簡略地分析了在思維心理學中形成的一些主要的理論觀點，如果說要從中得出某些一般性的結論，那麼

我認為，儘管還不敢對過於重大的歷史問題和理論問題做出總結性的結論，但是有一點是完全可以肯定的，那就是所有這些流派歸根究柢都彙集在了一個重大問題的周圍，這個問題在聯想學派興盛時期就擺在了心理學的面前。從根本上說，就像所有這些流派都是因為試圖以自己的方式解決這個問題而誕生和發展一樣，所有這些流派最終也都是因為不能解決這個問題而覆滅。我這裡指的是一個有關思維的問題，這就是：思維的智慧、理性的特徵和活動的目的（主要是旨在查明事物意義的活動的目的）是如何產生？不管這些流派看起來彼此之間有多麼不同，思維的目的問題、思維的理性特徵的問題，歸根究柢都是它們面臨的主要問題；不但如此，也正是因為彼此格格不入，這些流派才常常會用完全對立的方式來解決問題；但是又因為彼此同源，它們又全都向著同一個方向彙集，為的是解決共同面臨的主要問題。

那麼，對於在許多其他心理機能中產生、適合於目的、有理性的思維活動，這些流派又究竟做何解釋呢？

正像大家所知道的，一方面，因為不能解決這個問題，符茨堡學派不得不公開向柏拉圖和他的思想體系靠近，屈爾佩本人在為自己的研究方法下定義時，對此有過清楚的表述。另一方面，也是因為不能解決這個問題，行為主義者不得不確信，所謂的理性只是一種錯覺，理性活動所表現出的理性特徵，實際上只不過是非理性的嘗試和錯誤活動在客觀上產生了適合於目的的有益結果。

不管怎樣，解決理性起源問題的嘗試，貫穿了皮亞傑的全部研究工作。如他所說，他從克拉帕萊德那裡借用了許多原理，

做為自己研究的指導原理。皮亞傑把在同一個時間裡兒童的思維既理性又非理性的現象，稱作「令人奇怪的矛盾」。

　　任何人，只要和兒童有最簡單的接觸，都能夠看到，在這個方面兒童的思維的確具有雙重的性質。皮亞傑接著說，但是，因為思維的雙重性質，一些人就把自己的注意集中在了思維的非理性的特徵上，於是提出這樣的任務，即證實兒童的思維是缺乏理智的，兒童的思維過程是不合乎邏輯的，在我們期待兒童進行某種邏輯操作的場合，實際進行的卻是不合邏輯的操作。皮亞傑說，然而，兒童從他剛剛形成思維的最初一刻起，就擁有全部的、儘管沒有充分發育，但是十分完善的思維器官。

　　眾所周知，彪勒提出了這樣一個觀點：在兒童最簡單的智力活動中就已經包含了現成的思維。他說，我們發現邏輯思維發展的主要旅程是在生命的頭三年內完成的；在思維發展的過程中，還沒有哪一段旅程像這段旅程這樣重要，要不是這段旅程已經列入了三歲兒童的思維發展清單，兒童今後就需要用一生的時間來完成它。

　　於是，一些人就大肆頌揚兒童思維。他們盡力縮小兒童思維與成人思維的差別，試圖把早期年齡階段兒童思維的邏輯性質絕對化。另外一些人則相反，他們試圖證實兒童是愚蠢的，兒童不能像我們一樣思維。皮亞傑的任務，是要把思維的這兩個對立的方面都緊緊抓住，因為它們是同時出現在觀察者面前的。同時，他還要努力證明，兒童思維是如何把邏輯的和非邏輯的特點在自己身上結合在一起。皮亞傑說，對於完成這些任務來說，沒有比從兩個不同方面分頭尋找這些矛盾的來源更好的辦法。

皮亞傑在兒童的社會生活中尋找邏輯思維的起源，至於兒童思維邏輯混亂的特點，他認為是來自兒童最初的「我向思維」。於是，兒童思維在每一個新的年齡階段的表現，都被解釋為邏輯思維——按照皮亞傑的說法，它總是社會化的、外來的——與兒童自身固有的非邏輯思維以不同比例的混合。皮亞傑說，對於心理學來說，這個思想是唯一剩下的可以拯救思維的一條出路。這個想法也決定皮亞傑該用怎樣的科學方法，把問題從行為主義的死胡同中引領出來。眾所周知，在行為主義者的眼裡，思維已經變成一種活動。關於這種活動，華生曾經說過，它既與草地網球遊戲沒有什麼根本的不同，也與游泳沒有什麼根本的不同。

認為有理性、有智慧的思維形式的起源是不可能被研究的，這就是現代資產階級心理學所走進的一條死胡同。

請允許我在講座的第二部分，就像我們通常所做的那樣，從探討一般的理論問題轉到講述事實的材料，講講人們為了解決一個橫擋在所有研究道路中央的問題所做的嘗試。我認為，對於兒童思維的現代研究來說，這個問題可能具有重要的意義。這個問題就是兒童言語的「意義」（смысл）問題或者兒童言語的「理性」（разумность）問題。

兒童思維的理性特點從何而來，又如何產生？這個問題，就像我們看到的那樣，對於到目前為止我所提及的那些理論觀點來說，都是一個主要的問題。

我想，我們最好是具體到一個狹小範圍來討論這個問題；因為和現代兒童心理學的所有問題一樣，這個問題涉及的內容也非常廣泛，以致很難用幾次短時間的講座說清楚。在這種情

況下，我們最好是把注意力集中到某一個對許多問題都具有重要意義的點上。

首先應該引起我們關注的，就是兒童的思維和言語，以及思維、言語在兒童期的相互關係。這是因為在上述所有流派裡，兒童言語的意義問題、理性問題，最終也都是卡在了思維和言語的問題上。我們已經知道，符茨堡學派把思維的非言語性質當作思維具有原始性的一個證據。符茨堡思維學說的一個基本原理是：詞的作用在於為思維裹上一層外衣，詞能夠成為思維的比較可靠的傳遞者；但是，無論是對於思維過程的結構，還是對於思維過程發揮其職能，詞在任何時候都不具有實質性的意義。

相反，在行為主義學派那裡，正如大家所知道的，存在著一種性質相反的傾向。「思維就是言語」，這個命題就是這種傾向的典型表現；因為，為了如願地從思維中根除所有不能納入「習慣」範疇的東西，研究者自然就要把言語活動視為整個的思維。在他們看來，言語不僅僅是思維的言語形式，不僅僅能夠組成思維的某個方面，言語還能夠一口吞沒整個的思維。

在引起我們關注的各種心理事實中，言語和思維的關係始終是一個中心。我們將引用一些和兒童言語發展有關的事例來對此進行探討。大家知道，在言語發展中，在掌握言語的外部方面時，兒童的發展路線是從單個的詞到句，從簡單的句子到比較複雜的句子，然後再到句子與句子的連接；同樣的，人們也是很早就很清楚地看到，在掌握言語的「語義」方面（意義方面），兒童走的卻是相反的路線。

兒童在掌握言語的外部方面時，最先說出的是詞；之後是

雙詞句;然後是由三、四個詞組成的句子;再後,從簡單的句子逐漸發展到比較複雜的句子,只要幾年,兒童就能掌握複合句,掌握句子的主要部分和從屬部分,說出意思連貫的一連串句子。兒童的這種表現似乎在證實聯結論的一個基本原理,即兒童的發展是從部分走向整體。

　　言語的意義方面是言語外部方面的映照,在這種說法統治兒童心理學的時期裡,心理學家們得出過許多錯誤的結論。其中之一,就是認為兒童關於外部事物的觀念的發展和兒童言語的發展走的是同一條路線。這個結論作為兒童心理學的一個基本原理,被寫進了所有的教科書。在我看來,如今也恰恰就是這個原理,受到了比舊心理學的其他任何原理都要多得多的攻擊。既然兒童言語的發展是從單個的詞,從標誌單個具體事物的名詞開始,於是一些研究者——其中也包括斯特恩——就認為,同樣地,兒童認識周圍環境也是從知覺單個的物體開始。這就是斯特恩和其他一些作者都提到過的著名的「實體階段」或者「實物階段」(субстанциональная или предметная стадия)。

　　與兒童在言語的外部方面出現雙詞句、使用謂語以及掌握動詞的同時,在兒童的知覺中出現了動作,然後是質量、關係;換句話說,兒童對周圍環境的理性認識的發展,和兒童對言語外部方面的掌握,看起來好像是完全並行的。為了不把上述觀點簡單化,我必須指出,當斯特恩首次表述這個觀點時,他已經知道在這裡並不存在著時間順序上的平行現象,即在時間順序上,斯特恩所說的所有這些兒童表像、兒童統覺的發展階段,與兒童言語外部方面發展的相應階段並不吻合。比如說,當兒童言語處在單詞階段時,他的認識卻處在實物階段。事實證明,

認識的實物階段會持續相當長的一段時間。同樣，當兒童開始說出雙詞句時，他正處於動作階段。在這裡，兒童言語的外部方面和兒童言語的意義方面在時間順序上出現了脫節。但是，斯特恩和其他許多研究者都認為，就如同斯特恩所表述的，儘管在時間順序上脫節，但是兒童在掌握言語邏輯結構方面的進步和在掌握言語外部方面的進步之間，仍然存在著邏輯上的完全一致。

皮亞傑證實了在言語與思維的問題上已經揭示出的這些現象，並且利用這些事實來證明自己的觀點。要知道，在皮亞傑看來，言語是思維社會化的主要源泉，言語是把邏輯的規律和特點引入我們思維的主要工具，正是因為思維具備了這些性質，兒童才有能力與他人進行交往。相反地，和兒童本身特有的違反邏輯的思維根源相聯繫的，是無言語的、非理性的思維。

於是，所有這些理論，在研究思維的理解性和理性特徵的問題時，最終都將思維與言語的關係問題作為一個主要的、實際存在的問題提了出來。關於這個問題的研究資料和各種研究結論，無論是對還是錯，在這裡我都不多講了。許多著作，包括俄國的著作，對此都有相當全面和詳實的介紹。

我現在提出這個問題不是為了引起討論，我只是想把注意力集中到思維的理解性和思維的理性特點與言語的那些交叉點上。在這些交叉點，就像皮亞傑所描述的，只有一根最細的頭髮絲，把兒童的邏輯思維從非邏輯思維中分離開來。在現代實驗研究中，無論是成人心理學的實驗研究，還是兒童心理學的實驗研究，這個問題都開始占據越來越重要的位置。要想簡短明瞭地說明這個問題，介紹已經獲得的研究結論是最好的辦法。

這個方面的一個最主要的研究成果，就是查明了言語思維是具有多種性質的複雜的「形成物」（образование）。所有功能發達的、有理性的言語都有兩個方面，實驗者應該把它們清晰地區分開來。這兩個方面就是現代研究中通常所說的言語的「位相」方面，即言語的口頭方面，它和言語的外在方面相聯繫；還有就是言語的「義素」（或是語義）方面，即言語的意義方面。我們要表達的思想蘊含在言語的語義中，我們也通過理解言語的語義，從所見、所聞、所讀中了解別人的思想。

關於言語的這兩個方面的關係，人們的認識往往是錯誤的。研究已經證明，言語的位相方面（фазическая сторана）和語義方面（семическая сторана），也就是言語的口頭方面和意義方面，不是同時以成熟的形式出現的，它們不是並行發展，也沒有相互複製。它們的這種關係得到許多事實的證實。

讓我們舉一個簡單的例子，研究者常常用這個例子來闡述自己的觀點。皮亞傑也利用這個例子來證明，兒童理性思維發展經過的那些邏輯階段，緩慢地跟隨在兒童言語發展的後面。皮亞傑說，很難找到比以下事實更加讓人信服的證據：正是言語把邏輯的範疇引入了兒童的思維。要是沒有言語，兒童永遠也不會有合乎邏輯的推理。皮亞傑認為，完全自我封閉的兒童，任何時候也不可能在禁錮他思維的、邏輯混亂的牆壁上鑿開一個哪怕是最細微的缺口。

但是研究顯示，在這個問題上，一個最可悲的事實是，就像同一批研究者（其中也包括斯特恩）所查明的那樣，我們在兒童言語的意義發展方面所知道的一切，都和這些研究者原先的假設相反。從心理學的角度確實難以理解，像斯特恩這樣的

心理學大家，還有其他一些人，對自己體系中這個十分明顯的矛盾怎麼會毫無察覺。去年斯特恩訪問了莫斯科，在他所有的發言中，最有意思的就是他下面的一段心理表白：對他來說如此簡單的問題，怎麼會在幾十年裡都沒有被察覺；而現在它是如此地清晰，「就好像我面前書桌上擺著的一件文具」。

問題的實質在於，兒童「最初的詞」（первое детское слово）在意義方面不是一個名詞，而是一個單詞句，是一種想法。斯特恩本人對這種想法曾經有過很好的描述。由此已經很清楚，說出一些單個詞的兒童賦予詞的意義方面的，實際上不是對某一個物體的認識（像成人一樣），而是一個完整的、常常是非常複雜的句子，或者是句子與句子的連結。如果把兒童的單詞句翻譯成我們的語言，那就需要一個完整的句子。就像瓦龍（Wallon, Henri, 1879-1962）證明的那樣，兒童用一個簡單的單詞句表達出的意思，成人需要用由許多句子組成的展開的句子才能表達出來。這些作者的研究之所以能夠走在斯特恩的前面，是因為斯特恩只是觀察研究自己的幾個孩子；而在這個時候，瓦龍和其他一些人已經轉入實驗研究，著手了解在兒童最初的詞背後隱藏著的東西。這樣就得到了一個最重要的結論，這是一個出發點，我是這樣表述它的：兒童掌握言語的外部方面是從單個的詞到句子，從簡單句到句子和句子的組合；但是，兒童對言語的意義方面的掌握，卻是從句子的組合到區分出單個的句子，再從單個的句子到區分出詞的連接，只是到了最後，才區分出單個的詞。

原來，兒童在言語語義方面的發展，和他在言語位相方面的發展，不僅不是像兩面鏡子一樣相互映照，而且在某個方面

甚至背道而馳。

　　我曾經允諾不說出和這個問題有關的那些實驗研究，但是在這裡，我不能不順便指出我們只是到現在才開始明白的這個問題的全部意義。通過對兒童在語義方面發展的實驗研究（在這些實驗裡，兒童的言語表現和在要求兒童敘述圖片內容的實驗中一樣），我們能夠查明：我們所劃分出的實物階段、動作階段等等，所有這些階段，從根本上說，都不是兒童對現實的理性知覺的發展階段，而是兒童言語發展過程經歷的階段。通過跟蹤研究兒童表演活動（деятельность драматизации）的發展過程，我們能夠證實，在這個過程中，發展走的是相反的路線。處在說出物體名稱階段的兒童，他說出來的是一個物體的名稱，但實際上他要傳達的，卻是一個完整的意思。在瓦龍、劉易斯（Люис）以及其他一些人指導下完成的類似實驗證明，兒童在必須用自己「最初的詞」來系統表達某個意思的時候，在這種場合，他是在用最初的詞不自如地表達這個意思，而絕不是在指稱某一個單獨的物品。

　　皮亞傑沒有認知到這些，但是他用完全不同的研究，實際上也非常貼近了這個事實。不過他還是用從前的觀點來解釋這個事實。皮亞傑指出，兒童的思維範疇是和言語平行發展的，只不過思維發展落在了言語發展的後面，因而思維經過同一個階段的時間要比言語晚一些。他指出，兒童比較早就掌握了諸如「因為」、「所以」、「儘管」、「雖然」、「假如」、「在什麼之後」等等詞語的句法結構；也就是說，早在他的思維能夠區分這些複雜關係之前很久，他就已經掌握了用於表達因果、空間、時間、條件、對立以及其他關係的複雜的言語結

構。皮亞傑引用這個事實，是為了給自己的一個重要觀點提供證據，這個觀點就是：邏輯是和言語一起從外面進入兒童心理的，掌握了外部言語但是沒有掌握相應思維形式的兒童，還處在思維的自我中心階段。但是，當把這個觀點用到我們現在正在討論的這個問題上時，皮亞傑說，掌握複雜的句法形式，和掌握這些句法形式表達的邏輯關係，兩者在時間上並不一致。皮亞傑之後進行的所有研究都表明，它們不僅像皮亞傑所肯定的那樣在時間先後上不一致，而且，即使從結構的角度看，它們也不相似。換句話說，掌握邏輯結構（對於我們來說，它們表現為言語的句法形式）的發展序列，一方面和言語的這些句法形式的發展序列不相吻合；另一方面，不僅在時間上不吻合，而且在結構方面走的也是相反的路線。還記得吧，兒童言語的發展是從單詞到句子，而兒童言語所表達的意思的發展，卻是從完整的句子到單個的詞。

　　如果轉到現代實驗研究的另外一個領域，我們就會發現，即使是思維發達的人，比如我們在座的每一位，在思考問題的時候，思維和言語這兩個過程本身也並不是相互吻合的。這個事實早就為人所知，只是不被承認。實驗者接受這個事實也不過就是幾年以前的事情。這些研究究竟說明了什麼呢？它們說明，嚴格地講，從前用心理學分析和語言學分析的方法大致查明的東西，只是在不久之前，其中的因果聯繫和依存關係才得以用實驗的方法被分析、揭示和確立。

　　如果我們把任何一種語法、句法形式，任何一個普通平常的句子拿來仔細分析，就會發現這個句子的語法形式，與用該語法形式表達的相應的整體意思，相互是不一致的。

最簡單易懂的理由來自對語言形式的最簡單的分析。我們看看下面這個例子。舊時的語法教科書告訴我們，名詞是物體的名稱。從邏輯學的角度分析，我們就會知道，名詞是一種語法形式，實際上它顯示的是語法的範疇。「木屋」是名詞，是物體的名稱，「潔白」在語法上和「木屋」類似，也是名詞。但是「潔白」是對事物某種屬性的稱呼，就好像「鬥爭」、「行走」是對某種動作的稱呼一樣。由於邏輯的意義與語法的形式不一致，於是語法界就出現了學派之爭。在是否有必要對語言形式、語言形式的歷史沿革及類型、語言形式所包含的意義等等進行區分的問題上，各個學派各持己見，爭執不休。佩爾希茨（Першиц）比較研究了語法形式各不相同的幾種語言（比如法語和俄語。法語有幾種過去時形式和兩種將來時形式，而俄語只有一種將來時形式）的思想表達方式。佩爾希茨的研究表明，這些語法形式不同的語言，句子的語義即句子的涵義和句子的語體方面在結構上是不相吻合的。在我們這裡也進行了一些實驗，對俄語句法進行心理學分析。這些實驗表明，在不同的心理情境中，心理性質各不相同的思想能夠找到同一種語言表達方式，心理上的主語和謂語任何時候都不會與語法上的主語、謂語直接一致，而且思維的進程常常和相應句子的構建進程相反。

我在這裡提到的所有事實都得到了病理學資料的補充和驗證。觀察研究各種類型的言語和思維障礙的病人，所得到的結果使研究者確信：言語思維的位相方面和意義方面以最緊密的方式聯繫在一起，實際上它們是一個統一的、十分複雜的活動的兩個方面；但是，儘管如此，它們彼此並不重合。這兩個方

面的心理性質不同，各有自己獨特的發展曲線。只有認識了這兩條發展曲線的相互關係，我們才能夠正確地解釋每一個年齡階段的兒童在言語和思維方面的發展狀況。換句話說，無論是舊的觀念——它認為言語的意義方面只是言語外部結構的簡單反映，還是皮亞傑所堅持的新觀念——它認為意義結構和範疇落在言語發展的後面，這兩種觀點都沒有得到實驗的支援，實驗結果和它們是相互牴觸的。

上述事實的積極意義在於，它促使我們思考應該怎樣根據新的實驗資料，符合實際地描述詞與詞的意義之間，以及言語活動與人的思維活動之間的相互關係？

今天我只能講講這一事實的發現所帶來的兩個主要的積極成果，以幫助大家對這個事實的意義有一個大致的了解。

第一個方面的成果又是一個表述簡單的命題。這個命題彷彿濃縮了許多人的研究成果，這些研究者的名字我就不一一列舉了。這個命題可以這樣表述：兒童辭彙的意義是在不斷發展的。換句話說就是，領會某個辭彙的意義，還不是對這個辭彙的工作的結束。所以，儘管表面上看來好像兒童已經理解了你對他說出的某個詞，好像兒童也和我們一樣，在按照這個詞的本來意義使用它，儘管表面看來兒童在辭彙意義發展方面好像達到了和我們一樣的水平，但是對實驗結果的分析卻表明，這只不過是兒童辭彙意義發展的第一步。

目前有許多關於兒童辭彙意義發展的專門研究正在進行之中，這些研究的目的，是要查明兒童言語在語義方面發展的一個個階段。我正關注著這些研究。比方說，現代兒童心理學提供了一些示意圖，具體描繪了兒童辭彙意義發展的某些方面的

特徵。在這些研究中，不僅還不能說有哪一個研究最終解決了問題，甚至都不能說有哪一個研究解決了多大的問題；但是所有這些研究彙集在一起，就為我們展示兒童辭彙意義發展和兒童整個認識活動發展的極端複雜性提供了豐富的材料。

最初的研究成果使研究者們看到了事情的極端複雜性，這對於描述兒童言語發展的實際過程來說是必要的。因為，倘若不了解研究對象的複雜程度，現代實驗思想未必能夠勝任這項工作。在這種情況下得出的研究結論，對於兒童心理學，對於在兩個方面弄清楚思維的所有問題，都會具有非常重要的意義。

關於兒童言語發展的舊有觀念，或者說斯特恩所表述的「兒童言語發展方面的主要工作在兒童五歲，即在他掌握了母語的語彙、語法、句法時完成」的觀點，是不正確的。實際上，不是主要的工作，只是初期的工作在接近五歲時完成。曾經被認為除了表像的數量會繼續增加，表像的成分和表像內部各種成分之間的聯繫會進一步精確之外，不會為兒童言語發展帶來任何新鮮東西的學齡初期，現在被認為是兒童辭彙發展最豐富、最複雜的時期。

這些研究在方法論上的意義，在於它們使心理學家學會運用複雜、精細的方法，去研究澤爾茲所說的「隱蔽著的辭彙意義的發展過程」。兒童就在你的面前，你真真切切地看到他的言語在發展。僅僅憑藉直接的觀察，你就能確認他正在從使用簡單的一個詞，進步到使用三個詞、到使用一個完整的句子；但是，如果你想真正了解兒童的認識是怎樣地發展，你就必須轉而揭示那些只靠直接觀察發現不了的東西。澤爾茲認為，這些看不見的變化構成了「隱藏著的發展過程」。心理學要研究

的，應該是這個過程。

　　這些研究確實在很大程度上使心理學的研究方法更加完善。但是，看起來這些研究更重要的意義，還是在於它們使心理學有可能以實驗為依據，針對我多次提到過的現代兒童心理機能學說的一個主要問題，即發展過程中兒童的各種心理機能之間的系統關係和相互聯繫的問題，做出初步的，但畢竟是具體的回答。

　　眾所周知，心理學總是假設所有的心理機能都相互聯繫，共同發揮作用。心理學總是依據這個假設，並且把它視為公理來使用；但是對於這些聯繫的本質，也就是對於各種機能如何彼此聯繫，以及由於這種聯繫，各種機能又會發生什麼變化，心理學卻從來不去研究。不僅如此，心理學還設想機能之間的相互關係在整個兒童發展期間都不會改變。然而許多的研究都證明這個假設是錯誤的。公理變成了問題，先前被認為理所當然、無須證明的公理，現在變成了實實在在的研究對象。

　　我們在分析知覺和記憶問題時曾經談到，在人的知覺和記憶功能的現代實驗研究中遇到了一些問題，如果不從心理機能間的聯繫和關係在發展變化這個角度去思考，這些問題是無法解決的。在前兩次的講座中，我們都有機會談到心理機能系統的問題，這就使我們有可能提出一個在我看來不僅對許多研究有益，而且在某種意義上也是這些研究的支撐點的設想。這個設想，恰好就是根據兒童在言語詞義方面的發展與兒童思維的發展之間存在著某種關係的假設提出來的。這個設想就是：心理機能間相互關係的整個系統主要決定於在一定發展階段處於優勢的那種思維形式。換句話說，就是我們可以確信，兒童所

有的基本心理機能，都和兒童在辭彙意義方面達到怎樣的發展水平有關係。我們是在和「意義知覺」（осмысленное восприятие）、「校正知覺」（ортоскопическое восприятие）打交道，還是在和不發達的、處於含混狀態的知覺打交道，所有這些都取決於兒童辭彙意義的發展階段。

由此可見，思維的發展對於整個認識結構，對於心理機能的整個活動系統都有十分重要的意義。所有其他機能的智能化（интеллектуализация）問題，都和思維的發展水平緊密聯繫在一起。也就是說，其他所有心理機能的變化，都決定於在某一個發展階段思維能夠理解這些機能，決定於兒童開始能夠理性地對待自己的心理活動。許多在過去無意識進行的心理機能因此而變得有意識和合乎邏輯。我認為這個心理學研究思想是一個支點，許多正在進行的用實驗檢驗這個設想的研究就是從這個支點開始的。更為廣泛的意義在於，這個心理學思想引發了一系列的實驗研究，這些研究的目的是要證明：兒童思維的發展水準、兒童思維範疇的發展水準，是兒童自覺或不自覺思維的某種體系得以擴展的心理前提。在我看來，這個心理學研究思想的教育學意義正是在這裡。

兒童個性形成所經過的主要形式階段一樣也直接和兒童思維的發展階段相聯繫；因為，兒童的外部和內部經驗被怎樣的心理器官分解、分析、聯結、加工，都取決於兒童全部的外部和內部經驗在怎樣的知識體系中得到實現。比如說，一方面要從心理學的角度闡明對兒童進行綜合技術教育的途徑，另一方面，又要從心理學的角度闡明把兒童的實踐活動與掌握各門學科知識結合在一起的綜合技術教育有效發揮作用的途徑，這是

擺在我國心理學面前的一個重要任務。我認為，在展開的兒童心理學的任何一章，都不會像在「兒童的全部活動及其思維決定於外界現實，兒童的思維活動決定於兒童言語在意義方面的發展的學說」中一樣，找到一個合適的結合點，以它為起點，可以為解決這個問題開闢一條現實的、具體的研究道路。

　　「綜合技術教育」是蘇聯教育學專有的術語，重視綜合技術教育一直是蘇聯普通教育的特色。作者這裡提到的任務只是蘇聯心理學的任務，而非各國心理學的任務。

第四講

情緒及其在兒童期的發展

與心理學的其他章節相比，情緒心理學的現狀以及這個學說的理論發展都具有很大的特殊性：到目前為止，純粹的自然主義依然在心理學的這一章裡獨霸一方，而純粹的自然主義與心理學的其他章節是完全格格不入的。我們前面講過的那些章節，只是隨著行為主義和其他行為主義流派的出現，以一種已經完善的形式附和純粹的自然主義理論。在某種程度上，行為主義心理學流派是先前的唯靈論的內省心理學的鮮明對照，是對內省心理學的強烈反抗。所以，在這個意義上可以說，就方法論而言，未來的行為主義全部都包含在舊心理學的情緒學說之中。因此，用純粹自然主義觀點組織起來的情緒一章，自然也就成為當時心理學各章中的一隻白烏鴉。

造成這種情況的原因有很多，對於我們來說，只要指出一個最直接的理由就足夠了。這個理由是和達爾文（Darwin, C., 1809-1882）的名字聯繫在一起的。在《人類表情動作的起源》一書中，達爾文頂著舊生物學傳統勢力的巨大壓力，把人的各種情緒和在動物界觀察到的相應的本能的情緒反應全面地聯繫起來。不用說，在這部論述人的表情動作的進化和起源的專著中所體現的進化論的基本思想，對於達爾文來說是來之不易的。他在一封信（這封信不久前已經譯成俄文公開發表）中說，對他而言，重要的事情就是要證明，曾經被認為是人的心靈中「最最神秘」的人的情感，其實和整個的人一樣，也有著動物的起源。事實也確實如此。無論如何，人和最接近人的高等動物在情緒表達上的共同性是如此地明顯，以致幾乎容不得有任何的質疑。

大家知道，當時還處在經院哲學統治之下、帶有濃厚的中

世紀宗教傳統的英國心理學，就好像一個現代歷史學家所說的
那樣，是在以一種十分狡猾的態度對待達爾文學說。無論你覺
得有多麼奇怪，這種浸透宗教傳統的心理學歡迎由達爾文的學
生們發展起來的達爾文原理，對它十分友善，深表贊同，原因
就是達爾文證明了塵世的欲望、人的貪婪自私的本性，以及與
關愛自己的身體連接在一起的人的情緒，實際上都有動物的本
源。

　　這樣一來就有了一個動力，同時推動著心理學思想向著兩
個方向發展。其中一個發展方向是，許多心理學家——一部分
是斯賓塞（Spencer, H., 1820-1903）和他的學生，一部分是法國
實證主義者李播（Ribert, T., 1839-1916）和他的學派，還有一部
分是德國的一些擁有廣博生物學知識的心理學家，他們繼承了
達爾文思想的積極方面，著手發展「動物本能的情緒反應是人
類情緒的生物學起源」的思想，並由此建立起在文獻中被稱之
為「殘存論」的情緒理論。殘存論的情緒理論幾乎被寫進所有
的教科書，包括我們的教科書。

　　根據這個理論，按照某種說法，我們恐懼時的表情動作，
是動物逃跑和防禦時的某些反應動作的殘痕；而我們憤怒時的
表情動作，則是我們的動物祖先發起攻擊時的某些反應動作的
殘痕。按照這個公式，恐懼是被抑制的逃跑，憤怒是被抑制的
攻擊。換一種表述方式就是，人的所有表情動作都可以追溯到
動物的本源。關於情緒，李播有過一段名言：情緒是人的心理
中獨一無二的領域；或者像他說的，情緒是「國家中的國
家」，只有追溯其歷史本源才可能真正地理解它。李播認為情
緒是「正在逐漸消亡的部落」，是「我們精神生活中的吉卜賽

人」。實際上，根據這個觀點，心理學理論能夠得出的唯一結論就只能是：人的情緒反應是人殘存的動物本性，無論是其外部表現形式，還是其內部過程，都正在無可救藥地走向滅亡。

於是就得出了這樣的一種印象：情緒的發展曲線是下行的。如果我們像剛才提到過的一位學者斯賓塞所建議的那樣，把動物與人加以比較，把兒童與成人加以比較，最後，再把原始人與文明人加以比較，我們就會發現，生物的個體在向前發展，而心理的情緒卻在向後倒退。眾所周知，由此就產生了一個著名的觀點，這就是：未來的人是一群沒有情感的人；他們必定會走到盡頭，對於我們動物祖先曾經有過某種意義的那些反應的最後的殘存，最終將在他們的身上喪失殆盡。

顯而易見，按照這個觀點，情緒心理學真正可以研究的內容，就僅僅剩下了動物的情緒反應及其發展這個部分，現代心理學對這個部分的研究也確實最為深入和詳盡。至於人的心理則相反，這個觀點完全排除了研究人的情緒特點的可能性。像它這樣提出問題，不是讓我們去揭示情緒在兒童期是如何豐富發展起來的，正好相反，是在告訴我們，早期年齡兒童所特有的率直、天真的情緒，在怎樣漸漸地衰退和消亡。至於從原始人到我們現代人，在此期間情緒力量的改變，則被視為心理在向前發展，而同時情緒在向後倒退的簡單的演化過程。李播說，這是心理生活的一整個領域逐漸消亡的過程，這是一個非常美好的過程。

如果說從生物學的方面研究情緒生活，看起來好像心理生活的這一整個領域都在漸漸消亡，那麼，在另一個方向上，直接的心理經驗，然後是對情緒的實驗研究，就非常直觀地證實

了這個觀點有多麼的荒謬。

朗格（Lange. C.G., 1834-1900）和詹姆士（James, W., 1842-1910）給自己提出了一個任務，用詹姆士自己的話來說，就是要在人的機體自身尋找情緒的生命力的源泉，從而擺脫殘存論的情緒理論。不過他們提出問題的方式有所不同：詹姆斯更像一個自覺的心理學家，而朗格則在不自覺中更像一個生理學家。朗格和詹姆士在伴隨我們的情緒過程產生的機體反應中找到了情緒長久存在的原因。這個理論也因為寫進了教科書而廣為人知，這裡就無須多談了。我還記得，這個理論最引人注目的地方，就是改變了情緒反應的各個環節的傳統順序。

大家知道，以詹姆士和朗格之前的心理學家的觀點來看，情緒過程的進程是這樣的：對外部或內部事件（比如說遇到了危險）的知覺引起情緒，隨之是對情緒本身的體驗（感到害怕），然後就是相應的身體的本能反應（心跳加速、臉色煞白、全身發抖、喉嚨發乾等等所有伴隨恐懼而產生的身體症狀）。如果說過去的心理學家勾畫出的是這樣一個順序：知覺、情緒、情緒表現，那麼，詹姆士和朗格則建議用另外一種不同的順序來看待這個過程。他們指出，在知覺某個事件之後，機體會直接產生所謂的反射性改變（朗格認為主要是控制血管舒縮的反射性改變，詹姆士認為主要是內臟，也就是器官內部發生的反射性改變），這些在恐懼或其他情緒狀態中通過反射產生的機體改變被我們知覺，而對機體自身本能反應的知覺，就是情緒產生的基礎。

根據這個理論，詹姆士曾經有一段十分精彩的表述。不過，因為每一種理論的作者都要竭力證明自己與詹姆士有所不

同，這段經典的表述現在已經被改編成許多種不同的版本。詹姆士是這樣說的：通常認為，我們哭泣，是因為我們憂愁；我們發抖，是因為我們害怕；我們動手打人，是因為我們生氣。然而正確的說法應該是這樣的：我們憂傷是因為我們在哭泣；我們害怕是因為我們在發抖；同樣，我們感到生氣是因為我們在動手打人。

根據詹姆士的這個觀點，只要按壓住情緒的外部表現就足以使情緒消失；反過來也一樣，只要充分做出某種表情動作，相應的情緒體驗也會油然而生。

這個在理論上完善同時又有充分研究的學說，從兩個方面博得了人們的好感。一方面，它的確確拿出了看得見的情緒反應的生理學的自然科學依據。另一方面，它又不像有些理論那樣，無論怎樣也說不清楚，為什麼誰也不需要的情緒、誰也不需要的動物殘留本能能夠繼續存活下來，而且它們又是最接近個性核心的體驗，在我們的心理生活中顯得那麼重要，那麼意義重大。你們自己也體會得到，最情緒化的體驗是內在的個人體驗。

詹姆士和朗格的理論很快就被世人合而為一。眾所周知，詹姆士－朗格的情緒學說最先受到的指責是所謂的「唯物主義」，因為詹姆士和朗格想把人的情感歸結為人的意識對自己身體中發生的機體過程的反映。但是詹姆士本人對唯物主義卻唯恐避之不及。他是這樣回擊上述責難的，他說，「無論如何也不能把我的理論說成是『唯物主義』的」。這段話被他寫進了心理學的教科書。確實，詹姆士的理論在實質上不是唯物主義的，儘管他自發地運用了唯物主義的研究方法，因而在許多

時候授人以把柄；這個理論不是唯物主義的學說，它造成了與唯物主義觀點相對立的後果。比如說，無論在哪裡，都不像在情緒學說中這樣，對心理的高等機能和低等機能完全不加區分，這就為進一步發展詹姆士的理論提供了基礎。

詹姆士本人在回擊所謂的「唯物主義」的指責時所使用的方法，是達爾文在回擊英國經院哲學心理學家的責難時，就已經確定下來的方法。詹姆士試圖做到是誰的功勞就歸誰——「該是上帝的就給上帝，該是凱撒的就給凱撒」。在說明了只有從動物祖先那裡繼承來的低等情緒才具有機體起源之後，詹姆士完成了這個心願。這種機體起源的理論可以用於像恐懼、憤怒、絕望、狂怒等等這樣一類的情緒；但是，對於宗教情感、男人對女人的愛情、美的體驗等這樣一些他所說的「纖細敏感」的情感，這種理論顯然就不適用了。這樣一來，詹姆士就把低等情緒和高等情緒清晰地區分了開來，特別是把從前很少被人注意的「情感的智慧方面」區分了出來。大家知道，情感的智慧方面現在已經成為實驗研究的中心。所有的情緒，所有直接交織進我們的思維活動、成為整個推理過程不可分割的組成部分的情緒，都被詹姆士從身體器官反應的過程中分離出來，將之視為 "sui generis" 的過程，也就是性質完全不同、完全另類的過程。

詹姆士是一個實用主義者，他對所研究的心理現象的本性問題沒有什麼興趣；因此他說，只要知道一些憑經驗就能查驗的高等情緒和低等情緒的區別，就足以滿足社會的實際需要了。從實用主義的觀點出發，重要的事情是把高等情感從唯物主義或者僞唯物主義的解釋中解救出來。

　　這樣一來，一方面，這個理論導致了直覺主義心理學和描述心理學所特有的二元論。不是別人，正是柏格森，一個在許多心理學、生理學問題上與詹姆士觀點一致的極端唯心主義者，接受了詹姆士的情緒學說，並且在它之上增添了自己的理論見解和事實材料。另一方面，除了在高等和低等情緒學說中表現出的二元論觀點，這個理論也不能稱作是唯物主義的，就像詹姆士自己公正評價的那樣；因為，與「我們聽到聲音是由於振動的空氣作用於我們的鼓膜，從而使聽神經受到刺激」的見解相比，這個理論並沒有包含更多一點的唯物主義。換句話說，即使是最露骨的唯靈論者和唯心主義者，在任何時候也都不會否認這樣一個簡單的事實，這就是：我們的感覺、知覺是和刺激我們感官的物質過程聯繫在一起的。

　　所以，在詹姆士看來，情緒就是對機體內部變化的知覺。詹姆士的學說並不比任何一個平行論者的原理更接近唯物主義。平行論者也確信，是光波激起視神經的相應興奮導致了神經過程的運動；與這個過程平行，產生了對某種顏色、形狀和大小的心理體驗。

　　最後，第三點，也是最重要的一點：這些理論為構建各種形而上學的情緒理論放置了一塊墊腳石。在這個方面，與達爾文的研究以及直接從達爾文學說發展起來的那個流派相比，詹姆士和朗格的學說是個退步。如果說需要挽救情緒，需要證實情緒不是正在消亡的部落，那麼詹姆士找不到比讓情緒依附於人類歷史發展過程中最沒有改變、最低等的器官——內部器官更好的辦法；按照詹姆士的觀點，內部器官是情緒的真正載體。胃腸和心臟最精細的反應，來自臟腑和各個器官的各種感覺，

血管舒縮反應的變化，以及其他一些類似的變化——詹姆士認為，就是這些植物性的臟腑[1]、體液因素，就是對它們的知覺組成了人的情緒體驗。這樣一來，這個理論就使情緒與意識完全沒有了關係，從而完善了先前就形成的把情緒與意識割裂開來的觀點。

　　我剛才說過，根據李播及其他一些作者的觀點，情緒是人的精神世界中的「國中之國」。這意味著把情緒和所有其他的心理活動，和人的整個精神生活隔絕了開來。詹姆士和朗格的學說給了「國中之國」的理論一個解剖生理學的理由。詹姆士本人非常強調這一點，他說人的思維的器官是腦，而人的情緒的器官則是植物性的內部器官。這樣一來，情緒的生物學基礎就從中樞挪到了外圍。不用說，詹姆士－朗格理論比先前的理論更為徹底，它堵住了所有的路口，不讓你有任何機會提出情緒生活發展的問題。就像詹姆士本人所表述的那樣，在這個理論裡曾經有過關於發展的某種回憶，這個理論用回溯分析的方法，把人的情緒視為很久以前在發展過程中曾經有過的某種東西。詹姆士－朗格理論完全排除了提出人的情緒起源問題的可能性，也完全排除了在人的歷史生活過程中產生任何新的情緒的可能性。

　　就這樣，詹姆士和他的追隨者們一樣，轉了一個圈，又重新回到情緒學說的一個基本的唯心主義觀點。正是詹姆士本人曾經說過，動物所不具備的人的高等情感，是在人類歷史發展時期發展和完善起來的。但是，人從動物那裡獲得的一切又都

---

1 譯者註：植物性臟腑，即受植物性神經系統控制的臟腑。植物性神經又稱自主神經，蘇聯作者均採用前者。

以不變的形式保留了下來,因為,按照詹姆士的說法,它們都是人的機體活動的簡單功能。這就意味著:當初為了證實情緒的動物起源而提出的理論(就像我在談論達爾文時已經講過的那樣),最終成為證明人從動物那裡獲得的東西,與人在自身發展中所產生的東西在發展中完全沒有聯繫的證據。這樣一來,這些作者確實做到了「該是上帝的就給上帝,該是凱撒的就給凱撒」;也就是說,他們一方面試圖確定許多高等情緒的純粹唯靈論的意義,另一方面又試圖確定許多低等情緒的純粹機體的、純粹生理學的意義。

為了反駁這個理論,研究者們進行了兩個方面的實驗:生理學方面的實驗和心理學方面的實驗。

生理學領域的實驗結果對詹姆士-朗格學說不利。起初,生理學家們受詹姆士理論的鼓舞,年復一年地為證實這個理論而提供新的實驗證據。這個學說確實包含有某些不容置疑的真理,情緒反應時所特有的極其多樣的機體變化也是顯而易見的事實。把詹姆士對情緒所說過的那些話與我們現在所知道的事實加以比較,的確能夠看到詹姆士和朗格為經驗主義的研究方法開闢了一條多麼重要和卓有成效的道路,他們的鉅大歷史功績也正是在這裡。

坎農(Cannon, W. B. C., 1871-1945)有一本很有名氣的科學著作,在生理學實驗方面起了反證的作用。這本著作已經翻譯成俄文出版。這是一本完全自相矛盾的書,如果說我們沒有立即發現這一點,那是因為:第一,這本書反映的是生理學研究早期發展階段的情況;第二,G. M. 紮瓦多夫斯基為該書俄文版撰寫的前言,是把這本書作為證明詹姆士-朗格理論正確的

具體實驗證據介紹給讀者的。其實，只要仔細分析坎農的這些實驗報告的內容就能發現，從根本上說，它們是在否定詹姆士和朗格的理論。

　　以下兩個觀點是朗格和詹姆士著名學說的理論基礎：第一，從生物學方面研究的情緒是生理狀態在意識中的反映；第二，這些特殊的生理狀態是各種情緒都共有的。

　　關於坎農及其學派最近的研究動態，你們大概也讀了不少的資料。坎農在對貓、狗和其他哺乳動物的實驗中，借助非常複雜的研究方法，借助摘除術、人為中毒和複雜的生化分析的方法，成功地證實：貓、狗在暴怒和恐懼時，確實會產生與內分泌腺反應，特別是與腎上腺反應結合在一起的最劇烈的體液變化；與此同時發生的，是整個內臟系統的劇烈變化，也就是說所有的內部器官都會對此做出反應。他還證實，每一種情緒都因此而和器官狀況的重大變化結合在一起。但是，就在絜瓦多夫斯基以為可以用來證實詹姆士和朗格學說的第一項實驗中，坎農就遇到了非常複雜的事實。

　　坎農寫道：但是，無論有多麼奇怪，像狂怒、恐懼、憂愁、憤怒這樣一些不同的情緒，都有同樣的機體表現。因此，就在這項研究中，坎農就已經修正了詹姆士的公式。如果詹姆士說「我們憂傷是因為我們哭泣」，那麼坎農認為應該修改為「我們或者傷心難過，或者柔情滿懷，或者大為感動，總之，我們體驗著各種最不相同的情感，因為我們在哭泣」。換句話說，坎農開始依據自己的實驗資料，否定「情緒」與「情緒的身體表現」之間只有單一聯繫的說法。坎農證明：身體的反應不是情緒的心理本性所特有的，不能根據心動圖的變化，或者

體液或內臟的變化，或者化學分析或者對動物血液的分析，來推測動物是恐懼還是狂怒；因為，動物處於心理學性質完全相反的情緒狀態，但它身體的變化卻是一樣的。然而，在這項研究中，儘管坎農否認每一種情緒都有自己獨特的身體表現，否認某種情緒與該種情緒的身體表現結構之間存在著單一的聯繫，但他並沒有懷疑詹姆士的主要論點，即情緒是機體變化在我們意識中的反映。相反的，因為坎農公布了許多證明機體變化多樣性的實驗資料，詹姆士和朗格的理論彷彿變得更加有說服力了。但是接下來的研究（現在這些研究已經公布於世）迫使坎農不得不做出下面的結論：實驗中發現的身體表現不為某一種情緒所特有的事實，實際上已經證明詹姆士和朗格的理論沒有根據，從而完全否定了詹姆士和朗格的理論。透過這些實驗，坎農獲得了許多重要的事實材料。

坎農一次又一次地改變實驗條件，為的是讓動物在不同的實驗情境中產生各種不同的強烈情緒，但他看到，在不同的情緒狀態中，動物的身體表現卻都是一樣的。只有一個新的發現，那就是：決定這些身體表現明顯程度的，主要不是情緒自身的性質，而是情緒的強度。後來坎農又進行了一系列複雜的實驗，切除動物的大部分交感神經系統，交感神經節也摘除掉，於是動物所有的器質性反應全都消失。研究發現，實驗貓無論有多麼恐懼或者憤怒，都不能激起腎上腺素的分泌，也不能激起其他體液的分泌，而所有這些反應在控制貓身上都完好地保留了下來。

不過這個實驗的主要結論在於，兩隻貓在類似情境中的行為表現是完全相同的。也就是說，在同樣的情境中，交感神經

系統被切除的貓的情緒表現程度，和另一隻貓是一樣的。當狗
走近牠們或者牠們剛出生的小貓時，當處於饑餓狀態，口中食
物被強行奪走或者透過小孔看到食物時，牠們都會產生同樣的
反應。換句話說，所有這些反應在這兩種動物身上都得到了驗
證，因而詹姆士的一個基本原理，即著名的情緒症狀的精神減
法原理就被實驗否定了。根據詹姆士的這個原理，如果我們在
思想上從恐懼情緒中減去顫抖，減去彎曲的膝蓋，減去屏住的
氣息以及其他成分，我們將會發現在情緒裡什麼也不會剩下。
坎農試圖完成這道減法，他想知道，在去除上述成分之後情緒
到底還會剩下些什麼。於是，證明在缺乏相應的內臟反應的情
況下，動物的情緒狀態依然存在，就成了坎農研究的重要內容。

　　在後來進行的一些實驗中，先是給動物，而後又給人注射
適合的藥物，以期引起激烈情緒狀態下所能觀察到的動物或人
的機體變化。結果發現，藥物可以使動物在沒有某種情緒表現
的情況下出現相應的機體改變。這時觀察到的血糖、血液循環
的變化以及身體的其他變化和情緒狀態時一樣，但是動物沒有
相應的情緒表現。

　　可見，詹姆士的第二個論點遭到了同樣的命運。詹姆士說
過，如果我們能夠引起某種情緒的外部表現，這種情緒就會隨
之產生。事實證明這個論點也是錯誤的。

　　坎農在人身上的實驗沒有得到一致的結果，注射藥物對絕
大多數受試者沒有影響。有一些人會在注射藥物後進入某種情
緒狀態，但是這種情況很少見，只有當受試者彷彿進入一種「一
觸即發」的狀態，對情緒爆發、情緒釋放有了相當程度的準備
時，才會發生。從受試者事後的自述得知，無論是傷心還是高

興，這些受試者都要給自己找一個理由，注射的藥物只是激發者，起了喚醒情緒經驗的作用。另外一個事實是，從受試者的內省報告發現，所有的受試者都沒有恐懼、憤怒或是膽怯的感覺，但是所有的人都這樣敍述自己當時的狀態：我這樣為自己尋找感覺，——假如我正在害怕，假如我正在憤怒，假如我正在對誰生氣。讓受試者產生內在體驗的嘗試，即在實驗條件下引發對內部器官變化的有意識的知覺，其結果，受試者只是回憶起過去的情緒經驗，心理意義上的情緒並沒有出現。

這樣一來，這些以人為研究對象、利用內省分析的方法進行的實驗，使坎農的資料有了某種修正。根據摘除動物交感神經系統的實驗結果，坎農曾經認為，對於情緒狀態來說，機體的情緒反應是無關緊要的。這些實驗表明事實並非如此。

根據情緒領域的許多實驗研究，坎農得出了兩個一般性的結論，也是兩個基本的原理。第一個結論，是詹姆士－朗格學說沒有經受住實驗的檢驗，這就導致坎農以及所有從事情緒研究的生理學家、心理學家起來批駁這個學說。正因為如此，坎農的一部主要著作的書名就是《對詹姆士－朗格理論的選擇》。

另外一個結論是由此引起的：作為一個生物學家，坎農必須對因他的實驗而引起的一個疑問做出解釋，哪怕是用假設來解釋。這個問題就是：如果說，動物在激烈情緒反應時所出現的那些深刻的機體變化，對於情緒來說完全是無關緊要的，如果說，即使就像生理學所理解的那樣，減去所有這些機體變化後情緒依然保留了下來，那麼這些深刻的機體變化又為誰所需呢？如果說情緒狀態時發生的機體變化在生理功能上的重要意義在坎農最初的研究中得到了證明，那麼現在坎農提出的問題

就是：從生理學的角度如何解釋，被切除了交感神經系統、在極度恐懼時本該發生的體液及內臟反應全部喪失的那隻貓，當自己的小貓受到威脅時做出的反應，為什麼會和保留這些體液及內臟反應的那隻母貓一樣。要知道，如果這些反應對於情緒狀態時生理功能的變化沒有實質的意義，那麼從生物學的角度看，它們的存在就違反自然，毫無道理。

對此坎農是這樣解釋的：動物的任何一個強烈的情緒反應，都是在對動物生存有重要意義的危急時刻發生的，它原本就只是一個動作的開始，而不是一個動作的終結。因此，坎農認為，動物由於強烈的情緒反應而提高了身體的運動能力，這是一個合乎邏輯的結論。比如，動物因為恐懼而逃跑是合乎邏輯的，因為憤怒而進攻、廝打也是合乎邏輯的。因此，所有的機體反應對於情緒本身來說並不重要，但是對於情緒反應之後做些什麼卻顯得非常重要。所有的變化——增高血糖、動員機體全部力量準備戰鬥或是逃跑，這些都很重要；因為無論是逃跑、自衛或是主動攻擊，在所有這些場合，通過強烈的生物反應提高肌肉的活動能力都有至關重要的意義。

坎農說，在實驗室裡，失去情緒反應的母貓，其舉止表現確實和保留情緒反應的貓一樣，但是這種情況只有在實驗室條件下才可能出現。在自然狀態下，失去情緒反應的貓會很快死去，因為，在必須逃離的緊急關頭，不能通過內臟過程動員整個機體力量的貓，肯定會比做好這種應急準備的貓死得要快。

使這個假設成立的最重要的實驗證據，是下面這個實驗：坎農在動物身上、他的學生在人的身上都引起了強烈的肌肉活動。例如，他們順著一個可以通電的溜槽驅趕一隻貓（和我們

這裡 B. A. 杜羅夫做的實驗一樣），結果，每當電源接通的瞬間，動物都會以最快的速度逃離溜槽。在這種場合，單一的肌肉活動和激烈運動本身，就引起了和強烈情緒狀態時一樣的機體變化。換句話說，就是所有的內臟反應都是伴隨著強烈的肌肉活動產生的，它們是肌肉活動能力增強的表現，而不是情緒本身。

有一種反對的意見，認為貓可能在實驗情境中受到了驚嚇。為了回應這個批評，坎農又設計了其他一些實驗。儘管在實驗過程中沒有驚嚇動物的情況，但是劇烈的肌肉運動依然引起了人們習慣於認為是伴隨情緒反應產生的那些機體變化。就連坎農自己，也曾經以為這些機體變化是情緒的重要因素。原來事實並非如此，上述機體變化與其說是情緒的伴隨物，不如說是依附在本能的情緒因素上的附加物。

坎農說，這個觀點使達爾文學說有了一個意想不到的收穫。在達爾文學說看來，有一個事實是不應該受到懷疑的：我們在許多情緒狀態下的表情動作，與動物表達這些情緒的方式相對照，確實可以看作是動物在這些情緒狀態下的表情動作的殘痕。但是這個學說的不足之處在於，它的作者不能說明情緒是在進步和發展的。這個理論給人的印象恰恰相反，似乎情緒是在漸漸地走向消亡。

坎農證實，正在走向消亡的不是情緒本身，而是情緒中的本能成分。換句話說，情緒在人的心理中的作用是另樣的；它們正在漸漸脫離本能的世界，向著完全新的方向轉移。

如果你是在情緒學說發展的全部歷史中研究情緒學說，你就會發現，儘管情緒學說是從不同的學術領域發展起來的，但

是情緒學說的歷史發展卻在沿著同一個方向進行。心理學對情緒活動的研究，和在心理生理學領域對情緒活動的實驗研究，得到的結果是一樣的。它們得出的一個最主要、最基本的結論，就是情緒活動中心的特殊轉移。坎農認為，這些研究工作的主要成果，是它們把情緒生活的中心從外圍移到了中樞。坎農證明，情緒過程的真正生物基質、它的實際載體，絕對不是進行植物性生命活動的內部器官、不是生物學意義上的最古老的器官。他證實情緒的物質基礎不是大腦之外的機制；他認為，把情緒看作整個精神世界中的獨立王國的學說，錯就錯在把情緒的基質放在了人腦以外，而事實上，情緒的真正物質基礎是大腦。坎農把情緒中心從外圍器官轉移到大腦，把情緒的生理機制與腦的活動聯繫起來，這種解剖生理學上的改變，就使得情緒和人的其餘心理生活最緊密地連接在了一起。

在情緒的生理機制方面的研究成果，使其他實驗者從心理學方面揭示的、人的情緒發展與人的其他心理生活的發展有最緊密的聯繫和依存關係的事實，變得更加地有說服力，更加地容易被人理解和接受。

如果要對情緒的心理學實驗研究的主要貢獻做一個簡短的表述，那麼應該這樣說：情緒的心理學實驗研究在心理學領域完成了某種和坎農及其學生在心理生理學領域相似的工作，即實現了情緒理論從周邊向中樞的轉移。既然情緒的機制不是大腦以外的某個器官，而是大腦，既然情緒反應和其他心理活動一樣受到大腦活動的制約，那麼，情緒生活是「國中之國」的理論自然也就不攻自破了。

在對情緒活動的實驗研究中，通過比較，研究者們看到了

心理生活中的許多聯繫和依附關係。人們開始明白，像詹姆士和朗格那樣，把情緒劃分為彼此沒有任何共同點的高等情緒和低等情緒，是完全不可能的。如果按照時間的先後順序，那麼首先應該提到的是佛洛伊德，因為他是最早的研究者之一，他不是用實驗的方法，而是運用臨床研究的方法，在情緒理論研究方面取得了極大的成功。

眾所周知，佛洛伊德在對情緒生活進行病理心理學分析時，反對把研究伴隨情緒產生的機體成分擺在首位。他說，對於弄清楚恐懼的心理本性來說，他不知道還有什麼比確定恐懼時產生的機體變化更加地無關緊要。佛洛伊德指責詹姆士和朗格的機體心理學陳舊、片面，只是研究表面的東西，而將情緒的心理實質問題棄之不顧；換句話說，詹姆士和朗格只研究表達情緒的器官活動，而就情緒本身而言，卻什麼也沒有做。佛洛伊德證明情緒生活是一種極富變化的心理現象。

如果要對佛洛伊德的研究做一個純屬形式的結論，那麼我認為佛洛伊德是正確的，儘管他的基本主張在實質上並不正確。比如說，佛洛伊德是這樣解釋恐懼的：在精神官能症的許多病態改變中，恐懼是由被壓抑的性慾轉變而成的；恐懼成為精神官能症的一種狀態，成為兒童的許多不能成功地壓抑和排除的願望的等價物。佛洛伊德證明，在發展的早期階段情緒具有雙重性。儘管佛洛伊德對雙重情緒的解釋是錯誤的，然而這個事實本身還是有力地證明了情緒並不是一開始就有的，最開始發生的，是混為一團的矛盾情緒在一定程度上的分化。

這個原理的一個重要貢獻，是讓人很容易地就理解了情緒的動態特點。但是佛洛伊德在情緒領域的主要貢獻，還是在於

他證明了情緒並非從來就是我們現在所看到的樣子。從前，在兒童發展的早期階段，那個時候的情緒和成人階段的情緒不同，是另外的一個樣子。他證實了情緒不是「國中之國」，不能認為情緒和人的其他精神生活沒有關係；情緒只是隨著整個精神生活的發展，才逐漸有了自己的內容和價值。但是和詹姆士一樣，佛洛伊德始終都是一個自然主義者，他把人的心理看作是純自然、純天然的過程。因此，他只是在自然主義允許的範圍內認識和研究情緒的動態變化。

阿德勒（Adler, A., 1870-1937）和他的學派在情緒領域的研究得到了類似的結果。他們利用觀察法證明，在功能意義上，人的情緒不僅和本能情境相聯繫（在這種情境中人的情緒表現和動物是一樣的），而且情緒也是性格的一個組成部分。一方面，人對生活的總的看法、他的性格結構，都會反映在他的情緒生活中；另一方面，人的生活態度和性格結構也總會受到人的情緒體驗的制約。

大家知道，用上述的觀點來看待性格和情緒，情緒學說就成為人的性格理論的不可分割的部分和主要的部分。這個觀念和先前的觀念是直接對立的。如果說從前人們把情緒看作是心理現象中令人驚奇的例外，看作是正在消亡的部落，那麼現在人們開始把情緒與組成性格的各種成分，也就是說與構建和形成個性的基本心理結構聯繫在了一起。

彪勒在實驗方面對現代兒童心理學做出的貢獻，是其他許多人所不及的。在彪勒的學說裡，人們看到了情緒心理學在一個重要問題上有了非常重要的進展，這個問題就是：在和各種心理過程的相互關係中，情緒究竟居於何種地位。如果非常深

刻而又不失簡明地敘述彪勒的結論和他的實驗（在他的工作中實驗最為出色），那麼可以用下面的方式介紹他的結論。以批評佛洛伊德的情緒理論為出發點，彪勒不僅注意到在發展的早期階段並非只有快樂的原則在制約兒童的心理生活和活動，他還注意到，被認為是促使兒童做出某種行為的動力的快樂本身，在兒童期也在遷徙、徘徊，在改變自己在其他心理功能系統中的位置。彪勒把這個現象和自己的著名理論，也就是「兒童行為發展過程大致分為『本能』（инстинкт）、『平整』（дрессура）、『理智』（интеллект）三個階段[1]」的理論聯繫了起來。根據這個理論，彪勒試圖用有組織的兒童遊戲的實驗來證明，因為快樂和與快樂相聯繫的那些過程之間的關係在發生變化，因此，隨著兒童的發展，快樂產生的時間也在發生變化。Endlust，也就是終結時的快樂，這是快樂的第一個階段。這種快樂的特點，在於它多半是與饑、渴等本能的過程聯繫在一起，而饑渴本身是令人不快的。在這些本能的需要得到滿足的時候，會出現明顯的表示快樂的神情，隨著本能活動的完成，Endlust——處於本能活動終點的情緒體驗就產生了。大家知道，人的最簡單、最原始的性慾就是這樣的：快樂的主要時刻是這個本能活動終結、完成的時刻。由此彪勒做出如下的結論：在本能生活方面，是情緒，特別是快樂情緒在扮演終結的、完成的角色。在心理活動系統中，情緒彷彿被賦予了極其鮮明的色彩，情緒保障著本能活動不間斷地進行，直到最後的終點。

---

[1] 維高斯基著《心理學辭典》對「инстинкт」、「дрессура」、「интеллект」的解釋分別為：「與生俱來的反應」、「個體的獲得性經驗」、「創造性地適應新環境」。

　　彪勒認為「有功效的快樂」（Funktionaslust）是快樂的第二個階段。這個階段表現在兒童遊戲的早期形式中。在這個階段，使兒童感到快樂的，主要是活動過程本身，而不是活動的結果。快樂從過程的終點轉移到了過程的內容，轉移到了工作本身。彪勒在兒童飲食活動中觀察到了這種現象。稍大一點的嬰兒，不僅吃飽喝足的結果能使他們產生快感，而且飲食過程本身也開始讓他們感到快樂；這個過程本身成為能為他們提供快樂的事情。彪勒說，從心理學的角度看，兒童能夠成為愛吃美食的人，這是正在出現 Funktionaslus 的表現；直接的快樂並不只是在最後的結果，而主要在活動過程本身。

　　最後，彪勒又從第二個階段中劃分出第三個階段，這個階段和事先就預見到快樂相聯繫。在這個階段，活動一開始就會產生某種特別的情緒體驗；無論是活動的結果，還是活動本身，都不再是兒童整個情緒體驗的中心點，這時情緒體驗的中心移動到了活動的起點（Vorlust）。

　　創造性遊戲、猜謎語、解決某個問題的過程就具有這樣的特點。在這些活動中，兒童快樂地做出決定，然後執行自己的決定；至於最後能夠得到些什麼，對於兒童來說已經沒有了實質的意義。

　　如果從快樂所起的作用的角度來審視兒童活動中快樂時刻的這些變動，我們就會發現它們與彪勒所說的行為發展的三個階段是相互吻合的。在本能活動階段占優勢的，是在活動結束時產生的情緒體驗（Endlust）。在活動過程本身獲得的快樂，是養成任何一個習慣都必須具備的生物學條件；養成任何習慣都必須在活動本身尋得支援，而不是等待活動的最終結果。最

後，兒童的活動轉化為智慧活動，彪勒稱之為「猜謎反應」或者「啊哈反應」。在智慧活動中，兒童從一開始就感受到了快樂；在這裡，快樂本身使得兒童的活動以不同於前兩個階段的方式進行下去。

另外一個一般性的結論是，就像彪勒的研究所證明的那樣，情緒過程是我們精神生活中的遊牧民族，它居無定所，不會永遠停留在一個地方。我的研究資料使我相信，我們所看到的從最終的快樂到事先預期快樂的轉移，是情緒生活多樣性的一種表現；多樣化是兒童情緒生活發展的現實內容。

在結束我們今天這個題目的事實部分時，我想簡略地談談最近的一些研究，其中包括克拉帕萊德（Claparede, E., 1873-1940）的一項研究，這項研究的價值，在於它把對正常兒童和異常兒童的研究，與對成年人的實驗研究結合了起來。另外，我還想談談德國結構心理學派心理學家勒溫的工作。大家知道，勒溫在情緒和意志心理學領域做過許多的研究。我簡要地講講這些研究的最主要結果，然後立即轉到結語部分。

克拉帕萊德這項研究的意義，在於它成功地運用實驗的方法，把情緒、情感的概念，以及情緒和情感的外在表現分解開來。克拉帕萊德把情緒和情感區分為在相近情景中經常相遇、但在本質上又各不相同的兩個過程。但是，因為今天我們關注的不是情緒分類的問題而是情緒的本質的問題，關於克拉帕萊德的情緒分類學說我們就不談了，只是講講他怎樣成功地證明了情緒與精神生活的其餘過程有最緊密的聯繫，以及情緒生活本身所具有的心理多樣性。

我們知道，佛洛伊德是第一個對「情緒在生物學上有益」

的傳統觀點提出質疑的人。佛洛伊德在對兒童和成人精神官能
症患者進行觀察時，常常會看到一個令人吃驚、而且任何心理
學家都不可能迴避的事實。他發現，神經官能症發作的成人和
兒童的症狀，和由於情緒障礙導致精神生活紊亂的病人的症狀
是一樣的。如果情緒確實是一種有益的生物適應性行為，那麼
就很難理解，為什麼情緒反而成了人所有行為長期嚴重紊亂的
原因；為什麼情緒紊亂時我們不能有條理、有計畫地行動；為
什麼處於激情狀態時我們不能解釋也不能控制自己的行為；換
句話說，為什麼劇烈的情緒波動會導致一個人整個意識狀態的
改變，以致許多保障正常意識生活的功能失去了作用。確實，
如果用原始的生物學的和自然主義的觀點來解釋人的情緒，就
完全不能理解，為什麼就是這些像人一樣古老，像食物和水一
樣為人需要的生物適應性反應，為什麼就是這些情緒自身，成
了人的意識發生複雜的異常變故的原因。

　　克拉帕萊德提出了一個相反的問題：如果把情緒最主要的
功能意義歸結為它們在生物學上的好處，那麼應該如何解釋，
隨著人自身歷史發展而變得越來越絢麗多彩的人的情緒世界，
不僅僅會導致佛洛伊德所說的心理生活的紊亂，而且也會導致
心理生活內容的多樣性（哪怕這種多樣性只是以藝術的形式表
現出來）？為什麼人每向前走一步都會引起這些「生物學」的
過程？為什麼人的理智感也會以強烈的情緒體驗的形式表現出
來？最後，克拉帕萊德問道，為什麼兒童和成人在人生中遭遇
到的每一個重要的轉折關頭，都被賦予了那樣鮮明的情緒色彩？

　　克拉帕萊德以一隻受到驚嚇而逃跑的兔子為例，來回答這
些問題。他說，使兔子脫離險境的不是恐懼；相反地，恐懼常

常使兔子腿腳癱軟，從而置牠於死地。克拉帕萊德力圖用這個例子證明，除了在生物學上有益的「情緒」（эмоция），還存在著另外一些被他稱之為「情感」（чувство）的過程。情感是行動中的災難，發生在機體不能對情境做出生物適應性反應的時候。如果動物受驚而奔跑，這是一種情緒；如果動物害怕到無法邁開腳步的程度，這時進行的就是另外一種過程。

人的情況也是一樣。在這裡我們遇到的也是一些表面看來相似，深入分析卻發現作用完全不同的兩個過程。比如說，一個人預先知道旅途中可能會遇到的危險，提早做好了防範準備，另一個人對此全然不知，途中受到了襲擊。找到適當方法成功逃離危險的人，和遇到危險措手不及的人，在這兩個人身上發生的是兩種不同性質的心理過程。克拉帕萊德對人在困境中的不同反應和最後結果進行了實驗研究，正是這些研究使他把情緒生活區分為「情緒」和「情感」。這種區分之所以具有重要的意義，是因為舊心理學把情緒行為和情感行為機械地攪和在一起，把它們說成是事實上並不存在的同一個過程。

最後還應該提到的是勒溫的研究，勒溫用實驗證明了情緒反應在其他心理過程系統中的非常複雜的變化。特別是他第一個對情緒過程進行了實驗研究；而情緒過程，由於佛洛伊德和阿德勒的原因，大家都認為不可能以實驗的方法進行研究，而且言之鑿鑿，把情緒稱作為「深不見底的心理學」。

勒溫證明了一種情緒狀態是如何變成另一種情緒狀態的；情緒體驗的替代在怎樣地進行；沒有化解、沒有完結的情緒過程又怎樣以一種隱蔽的方式繼續地存在。他證明了情感衝動如何進入任何一個與之相連的結構。勒溫的基本觀點是：激情的、

情緒的反應不可能單獨出現，作為心理生活的特殊成分，它們只是稍晚一些才與心理生活的其他成分結合。情緒反應是該心理過程結構的特殊結果。勒溫證明，起始的情緒反應既可以在外部的競技性運動中產生，也可以在頭腦內部的競技性運動中產生，比如國際象棋。他證明，在這些場合，不同的情緒反應會有不同的內容，但是情緒過程在心理結構中的地位是一樣的。

　　下面，我們對今天講座的內容做一個小結。在這一講中我力求追尋兩條主線：一條主線是解剖學和生理學的研究，它們使情緒生活的中樞從大腦以外的機制遷移到了大腦；另一條主線是心理學的研究，它們把人的情緒從精神世界中偏僻荒涼的後院搬到了前庭。這樣一來，情緒生活就走出「國中之國」的封閉狀態，和所有其餘的心理過程聯繫起來，成為整體心理結構中的一個部分。如同我們在研究心理生活時經常看到的那樣，這兩條主線在病理心理學中會合在了一起。

　　在病理心理學裡我們看到了與上述研究成果十分吻合的病例，這就使臨床醫生有理由完全不依賴坎農、克拉帕萊德和其他人，明確說出一個論題的兩個方面，這個論題，是在解釋同一個學說的這兩個方面時產生的。因為我們的課程沒有安排病理心理學的內容，在這裡我只能講講一般性的結論。一方面，一些臨床醫生不止一次地觀察到，在神經系統受傷或者發生病變的情況下，由於大腦損傷，特別是皮質下視丘的損傷，病人每隔幾分鐘就會不由自主地發出一陣狂笑或是微笑。值得注意的是，這種狀況不會使病人感到快樂，相反的，被迫做出鬼臉的無奈使病人在心理上備受折磨。病人的外在表情和他內心真實的情緒體驗是截然相反的。

　　我自己也曾經有機會實驗研究和記載過這樣的病例。這是一位女病人，因為腦炎引起的強迫動作使她極為痛苦。她清楚地意識到自己的面部表情和自己真實體驗之間的極大反差，這使她感到非常恐怖。作家雨果（Uugo, V.）憑藉自己的想像，在長篇小說《笑面人》中塑造了這樣的形象。

　　另一方面，一些臨床醫生，其中包括威爾遜（Вильсон）和黑德（H. Head）——心理學要感謝他們的鉅大貢獻，觀察到了相反的現象。他們觀察到，在一側視丘受傷的情況下，病人的情緒生活會出現非常有意思的變化：來自身體右側的興奮能使病人產生正常的情緒反應，而來自身體左側的興奮會使病人產生病態的情緒反應。

　　類似的情況我也見到過。有一個病人，為他右半部身體熱敷，他會感到舒服、愉悅，這很正常；但是同樣的熱敷包放到身體的左半部，病人就會做出極其過分的狂喜表情，愉悅的感覺被誇大到了病態的地步。用光滑冰冷的東西輕輕觸及他的皮膚也會產生同樣的反應。埃·克列奇梅爾（Э. Кречмер）描述了一個症狀複雜的病人，他對音樂的感受非常地奇特：用不同的耳朵聽音樂，會產生不同的情緒體驗。

　　這些研究主要是在神經臨床學領域進行的。它們一方面提供心理學的資料，證明坎農觀點的正確性；另一方面也提供病理學的資料，證明皮層下區域的某些大腦機制，或者更準確一些說，與皮質額葉有多個聯繫通道的視丘，顯然是情緒反應的解剖學基礎。現代神經學對情緒在皮層和皮層下區域的定位因此而變得十分確定，就像言語運動中樞被準確定位在布羅卡區，言語感覺中樞被準確定位在韋爾尼克區一樣。

　　這些研究涉及到的是狹義的心理病理學，特別是精神分裂病理學。布洛伊爾的研究就屬於這一類。布洛伊爾證明，在發生病理改變的情況下，能夠觀察到情緒生活的以下變化：基本的情緒是保留了下來，但是，如果可以這樣說的話，這些情緒在精神生活中的正常位置卻發生了錯位和顛倒。病人有情緒反應的能力，但是由於情緒在精神生活中失去了原有的位置，從而導致整個意識表現的失常。其結果，就是在病人的情緒和思維之間出現了一種非常特殊的關係；這種新的心理關係類似於正常意識，但它卻是心理發生了病理變化的一種反映。布洛伊爾深入研究過並為施奈德（K. Schneider, 1877-1967）的實驗所證實的「我向思維」狀態，就是這種新的心理關係的最典型的例證。

　　「我向思維」指的是這樣一種思維系統，在這種思維系統中，支配思想的不是思維面對的各項任務，而是情緒傾向，在這裡思維服從的是情緒的邏輯。但是對「我向思維」的這種描述起初顯得根據不足。因為，在事實上，與「我向思維」相對立的思維並沒有失去情緒的因素。比起「我向思維」，我們的現實思維常常會激起更加強烈、更加意義重大的情緒狀態。尋求真理、百折不撓的研究者在思維過程中的情緒體驗，不會比沈溺於「我向思維」的精神分裂症患者少，而只會是更多。

　　「我向思維」與現實思維的區別在於：儘管理智與情緒總是在一定程度上結合在一起，但是情緒在現實思維中的作用是從屬的、次要的；而「我向思維」則相反，在這裡理智的作用是次要的，情緒過程起著主導、主要的作用。

　　簡而言之，現代研究證明，「我向思維」是一種特殊的心

理系統；在「我向思維」中，不是智力或者情緒活動本身受到損傷，而是智力活動與情緒活動的相互關係發生了病理變化。「我向思維」的問題是我們下一次討論的題目。我們應該讓「我向思維」和兒童及正常成人的想像相互靠近。我希望在下一次的講座裡，能夠用具體的材料來觸動一個概念，這個概念被我們頻繁地使用，但我們卻從來沒有把它放在心理系統中予以揭示。我們將會發現，在情緒生活的發展過程中，一種心理機能在系統中位置的有序轉移和改變，怎樣決定著這種心理機能在情緒生活整個發展進程中的意義。

這樣一來，我們就能夠把今天的話題延續到下一次的討論。在「想像」一講裡，我們將以具體的心理系統為例，討論我們在討論思維和情緒問題時所得到的那些結論。因為理論上的總結放到了下一講，放到了「想像」一講，所以這一講到這裡就可以結束了。

第五講

想像及其在兒童期的發展

舊心理學通常把人所有的心理活動，都看作是先前積累的各種印象以某種聯結方式形成的組合，對它來說，想像的問題始終是一個無法破解的謎。不管願意還是不願意，舊心理學都必須把想像歸結為另一樣的功能；因為想像和人的其他心理活動形式最本質的區別，就在於想像不會以同樣的組合、同樣的方式重複先前積累下來的印象，而總是用新的方式把它們連接成一個又一個新的組合。換句話說，就如同大家所知道的，想像把一些新鮮的東西帶進我們的「印象流」（течение впечатлений），改變它、使它以過去不曾有過的某種新的形式出現，這正是被我們稱作為想像的這種心理活動的基礎。聯結論把所有的心理活動都只看成是頭腦中已有元素和形象的組合，因而，對於聯結論來說，想像只能是一個永遠解不開的謎。

大家知道，舊心理學之所以把想像歸結為另外一種心理功能，就是試圖用這樣一個辦法來繞過想像這個謎團。這個想法其實是整個舊心理學想像理論的基礎。就像李播在他那一部關於想像的名著中所說的那樣，舊心理學的想像學說一方面突出所謂的「再現性想像」（воспроизводящее воображение），另一方面突出所謂的「創造性想像」（творческое воображение）或者「再造性想像」（воссоздающее воображение），舊心理學研究這兩種形式的想像。

「再現性想像」實際上就是記憶，兩者是同一件事情。心理學家們把所謂的「再現性想像」理解為這樣一種心理活動：在這種心理活動中，我們的頭腦裡再現出許多我們曾經經歷過的事物的形象，但是當時我們並沒有再現這些形象的直接理由。

這種沒有直接、現實的理由，而在頭腦中再現經歷過的形象的記憶活動，舊心理學家們稱之為想像。

為了把這種形式的想像和真正意義上的記憶區分開來，心理學家們這樣說：如果我現在正在欣賞某個景致，它使我想起我在國外某處曾經見到過的與之相似的另一處景致，那麼這是記憶活動；因為是現場的景致和現實的形象，使我經歷過的情景再次浮現出來。這是普通的聯結活動，這種聯結活動是記憶功能的基礎。但是，如果我正在凝神思索或者沈溺於某種遐想之中，沒有看見眼前的任何景致，這時記憶中的景致也浮現了出來，那麼，這種活動和記憶是有差別的；在這裡，直接推動這種活動的不是現實存在的某個事物，而是另外的一些過程。

換句話說，這些心理學家有一個堅守不渝的信條，就是：即使是在動用先前積累下來的形象，這時想像活動在心理上受到的制約也是和記憶活動不一樣的。

但是在這裡，這些心理學家遇到了下面的問題：無論是眼前的景致使我回想起從前見過的某個景致，還是我頭腦中閃過一個詞，比如一個地名，使我回想起曾經見過的某個景致，事情的本質並不會因此而有所改變。記憶和想像的差別不在於想像活動本身，而在於引起想像活動的理由。在這兩種情況下，就活動本身而言是非常相似的；因為，如果站在原子論心理學（атомистическая психология）的立場，既然複雜的活動都是由基本元素組成，那麼，除了假設某些現存的形象引發出與它們連接的形象以外，沒有什麼其他的方法可以解釋想像活動。從這種觀點出發，再現性想像的問題就完全和記憶的問題融合在了一起，記憶有許許多多的其他功能，再現性想像被看作是

其中的一種功能。

至於心理學家們稱之為「創造性想像」或者「再造性想像」的活動形式，事情就比較難辦了。在這裡，我在前面講過的那個差別被提升到了首位；而建造頭腦中不曾有過、過去也未曾經歷過的新的形象，恰恰是想像固有的性質。

聯結論把新形象的產生解釋為元素之間偶然發生的、特殊的組合。在創造性想像中，本身並不新穎的元素組成了新穎的元素組合。以舊心理學的觀點，這是想像的一個基本規律。馮特（Wundt, W. M., 1832-1920）和李播是舊心理學的發言人，他們曾經說過，想像能夠創造出許許多多先前元素的新式組合，但是想像卻創造不出一個新的元素。

應該說這些心理學家的工作還是頗有成效的，比如說他們一步一步地證明了情感對想像過程的制約作用。他們證明，按照其中一位心理學家的說法就是，我們的幻想之所以飄忽不定，並不是因為它任性刁鑽，而是和沈浸於幻想的人的全部經驗有關。他們證明，即使是最荒誕的表像，最後也都可以歸結為人在過去經歷中所見過的各種元素的嶄新組合；即使是在睡夢中，我們也不可能看見任何一樣我們意識在覺醒狀態時未曾以某種形式經驗過的東西。他們還證明，哪怕是最奇特的表像，只要看一看它的組成元素，也就變得不奇特了。換句話說，這些心理學家再好不過地揭示了想像的現實基礎，揭示了想像與過去的經驗，和已經積累的印象之間的聯繫。但是更進一步的問題，即所有這些積累起來的印象為什麼能夠在想像中以嶄新的形式、全新的組合出現，想像活動的基礎究竟是什麼，這些心理學家卻沒有去解決，而是從它的旁邊繞了過去。

　　舊學派的心理學家們對這個問題的回答非常簡單，他們說新組合的出現純屬偶然。因為，就像舊心理學的一個規律所宣稱的，新的想像組合是由一些新的偶合造成的，也就是說新的想像組合來自元素之間新的相互關係。馮特試圖證明：夢境的每一個元素都是意識在覺醒狀態時經歷和體驗過的印象；奇特夢境的出現完全要歸功於偶合，也就是說完全要歸功於元素之間獨一無二的特殊組合。這種解釋在馮特的夢的理論中很有代表性。而與眾不同的偶合之所以會產生，是因為我們的「睡夢」意識處於非常特殊的狀態，面對外部世界的影響，既聾又盲。熟睡的人既不能看，也不能聽，不能用感官感知外部的刺激，所有這些刺激都被他曲解；但是「睡夢」意識能夠感知許多來自內部器官的刺激。由於各個興奮過程在大腦皮層以獨特的方式搭配組合，於是就產生了許多偶然的巧合；最終，通過聯想的方式，一些新的形象就意外地「誕生」了。

　　於是，在馮特看來，夢境是純粹偶然的巧合，是從原始背景中冒出來的許多零星印象的隨機組合。他說，我們在回憶某個人或者某個事件的時候，通常是把它們和某個特定的情景聯繫在一起；但是在睡夢中，我們卻把它們和原本發生在另一個聯結鏈條中的完全不同的情景連接在了一起。馮特說，結果就出現了那種荒誕無稽的夢境，表面看起來似乎沒有道理，但仔細分析就會發現，作為夢境基礎的那些形象，其結構是完全受到制約的。你們知道，馮特和所有持這種觀點的心理學家都認為，從根本上說，人的想像受到通過聯結所獲得的形象數量的限制。元素之間任何一個新的、沒有被經驗過的聯繫，都不可能被添加進想像活動的過程。想像不具有創造的因素，想像組

合的範圍是有限的，想像只能在這有限的空間裡變換著花樣。

如果同一個夢境在同一個人的一生中出現幾次，或者同一個人在一生中幾次夢到彼此相似的夢境，心理學家就會用所謂的「夢境的複現率」來解釋。印象的組合能力有限，自然是一個很有說服力的理由。

這些心理學家試圖證明想像是一種受到制約的活動，它是奔放飄逸的，但它又是有規律的。在這一點上他們是正確的，他們也找到了很重要的資料來證明自己的正確性。但是與此同時，這些心理學家卻迴避了一個問題，就是新的想像成分是如何產生的。馮特的法則聲稱：關於婚禮的印象、想法，或是對婚禮的直接觀察，可能會引發出性質相反的表像，比如生離死別的情景、靈柩、墳墓等等，一定的表像能夠使人想起相反但並非互不相干的事情；但是對婚禮的印象不可能使人想起牙痛，因為婚禮與牙痛之間沒有關聯。換句話說，想像極其牢固地植根於我們的記憶內容之中。

儘管在一定程度上，「創造性想像」也是「再現性想像」，但是以一種活動形式來看，它並不與記憶活動融合。創造性想像被視為一種特殊的活動，被視為記憶活動的一種特殊的形式。

於是我們發現，無論是迄今為止我們討論過的心理活動的那些領域，還是我們今天正在討論的想像活動，它們的一些最本質的問題都存留了下來，沒有解決。原子論心理學無法解釋思維是怎樣產生的，無法解釋有理性、有目的方向的活動是怎樣產生的，同樣，它也無法解釋創造性想像是從何而來的。在它的理論裡存在著許多的矛盾，事實上，正是因為這些矛盾，

心理學才開始界限分明地分解成為「因果心理學」（причинная психология）、「描述心理學」和「直覺主義心理學」（интуитивистическая психология）。

聯結論無法解釋想像的創造性特徵，於是直覺心理學在想像領域也採取了一個和在思維領域同樣的辦法。按照歌德的說法，這個辦法就是：無論是在思維領域，還是在想像領域，直覺心理學都把難題變換成為公理。在需要解釋創造性活動如何在意識中產生時，唯心論者就回答說創造性想像是意識固有的屬性，意識是能夠創造的，說什麼意識本身就具有一些先驗的形式，利用這些先驗的形式，意識可以建造外部現實的所有印象。在直覺論者看來，聯結論的錯誤就在於它把人的經驗、人的感覺和人的知覺當成了人的心理的初始因素，就是因為這個，聯結論才無法解釋以想像形式出現的創造活動是如何產生的。直覺論者說，事實上創造的本源滲透到了人的所有意識活動；我們的知覺之所以會產生，僅僅是因為人把自身的某種東西帶給了處於外部世界的知覺對象。這樣一來，在現代唯心主義學說中，兩種心理機能就互相調換了位置。如果說聯結論是把想像歸結為記憶的話，那麼直覺主義者就在試圖證明記憶本身不是別的什麼東西，而是想像的一種特殊情況。唯心主義者在這條路上走得如此之遠，以至於在他們的眼裡，就連知覺也變成了想像的特殊情況。他們說知覺是用理智建造起來的，知覺是想像出來的現實的形象；外部印象是知覺的一個支點，知覺的起源和產生則要歸功於意識本身的創造性活動。

於是，和在思維問題上的爭論一樣，唯心主義和唯物主義在想像領域的爭論最後也歸結到了這樣一個問題，這就是：想

像是不是認識的原始特性，而所有其他的心理活動形式都是從想像中逐漸發展出來的；或者是，應該把想像理解為高度發展的意識活動的一種複雜形式，理解為意識活動的一種高級形式，這種高級形式是在發展中產生的，而先前的意識活動形式是它產生的基礎。面對想像的創造性特徵從何而來的問題，原子論觀點和唯心主義觀點同樣顯得束手無策。和唯心主義觀點一樣，原子論的觀點也形而上學地把意識的再現活動視為某種從來就有的東西，因而也同樣地從根本上否定了創造性活動怎樣在發展過程中產生的問題，更不用說去研究和解決它了。在馮特看來，以為想像能夠把婚禮和牙痛聯繫起來的想法十分荒唐可笑。他忽視了一個明顯的事實，這就是我們的想像異常地大膽，它不喜歡按常規行事，比婚禮和牙痛更加風馬牛不相及的事情，想像也能夠把它們連接到一起。不過，到了晚年，馮特還是不得不在一部論述幻想是藝術創作的基礎的著作中承認了這個事實。

　　唯心主義的以下觀點也顯得蒼白無力，這種觀點認為創造是意識的原始特性，於是想像也就被列入了意識的原始創造活動的範圍。在杜裡舒、柏格森以及其他活力論者和直覺主義者列出的清單中，這些原始創造活動是意識在產生的瞬間就具有的。根據柏格森的一個著名的公式，如同自由是意志的本性一樣，想像也是我們意識的本性。因為這種自由活動是在物質環境中進行的，所以它會以某種方式與物質世界相交，但是活動本身卻是獨立的。詹姆士的觀點和這個觀點很接近。關於意志，詹姆士曾經說過，支配創造活動的是意志，在這裡每一個舉動都包含有「菲亞特」的成分。「菲亞特」是一個宗教辭彙，上

帝就是借助菲亞特的力量創造了世界。

　　現代唯心主義心理學為了把這個觀點說得完全讓人信服，只好拿出最後的一招。「想像的性質」問題被當作一個非常重要的問題，轉移到了發生學的研究領域，它被歸結為「想像的原發性問題」。

　　於是這個問題開始在兒童心理學裡得到解答。現在，如果忽視在兒童心理學領域長期積累的研究資料，普通心理學將無法用實驗的方法接近想像的問題。

　　我們將會看到，在兒童心理學領域、在這個問題上，我們有了哪些新的進展。儘管我們的任務完全不是回顧解決這個問題的全部歷史過程，但是對這一段歷史我們還是有必要提一提。

　　想像是原生的東西，想像是兒童意識的最初形式，個體的所有其餘意識都是從想像中產生出來的——精神分析心理學和它的創始人佛洛伊德就是這種觀點的代表。根據佛洛伊德的學說，調節兒童心理活動的是兩個原則：一個是「享樂原則」（принцип наслаждения, pleasure principle）或者「唯樂原則」（принцип удовольствия, pleasure principle），還有一個就是「現實原則」（принцип реальности, reality principle）。兒童最初追求的是享受或者快樂；在發展的早期階段，享樂原則在兒童心理活動中占據優勢。

　　兒童是生物，他的生理需要從成人那裡能夠得到充分的滿足。他不必為自己找吃的、找穿的，所有的事情都由成人替他完成。按照佛洛伊德的說法，兒童是唯一完全不受現實束縛的生物。這個生物沈浸在快樂之中，因此，兒童的意識是以一種虛幻的意識形式得到發展的。虛幻意識的主要功能不是反映兒

童生活於其中的現實，它也不對任何外來的印象進行加工；虛幻的意識只為兒童的願望和肉慾傾向服務。兒童沒有關於真實的現實世界的觀念，他有的只是虛幻的意識。

我們所關注的關於想像性質的上述思想，在皮亞傑那裡得到了發展。皮亞傑的基本觀點是，不指向於現實的想像活動或者思維活動是原始的活動。但是他又說，在完全不指向於現實的嬰兒思維與成人思維（即現實思維）之間，還存在著一些過渡的形式。皮亞傑認為，兒童以自我為中心的思維，就是居於想像與現實思維之間的一種過渡思維，或者叫「中間思維」、「混和思維」。兒童的自我中心主義是從想像，也就是從類似於輕鬆的夢境、幻想和願望的思維（皮亞傑形象地把它稱作是非現實的、僅僅在意願的世界裡飄忽的海市蜃樓），朝向現實思維，也就是朝向把適應現實並且影響這個現實作為自己任務的思維過渡的中間階段。

我們感激皮亞傑，他做了很多很有意義的嬰兒實驗研究。從這些實驗研究揭示出的事實看來，這些實驗研究的價值在於證明了嬰兒還不能在頭腦中把從外部世界得到的印象，和他從自身得到的印象清晰地區分開來。在嬰兒的意識中，「我」和「我」以外的現實還不夠分化；他常常把一件事情和另外一件事情混淆在一起，因而很難把自身的動作和行為，與自身之外發生的動作和行為區分開來。嬰兒常常產生許多混亂的聯繫，皮亞傑非常機智，他用令人驚奇的實驗證明了這些聯繫。

比如，一個嬰兒正做著某個動作，這個動作恰好與另外一個使他愉快的外來影響在時間上吻合。於是，用我們成年人的話來說，嬰兒就會把這個偶然發生的外部事件當成自己動作的

結果。這從孩子的以下表現可以看得很清楚：如果這個使他愉悅的事件不再出現，他就會一遍又一遍地重複做過的動作，為的是這個事件能夠重現。皮亞傑觀察過一個五個月大的女嬰。孩子用手擺弄著一支鉛筆，在她用鉛筆敲打鐵盒底部的時候，房間裡突然響起一陣鈴聲或者鳥兒的啼叫聲。於是孩子又敲起了鐵盒，但是這一次的表現和前面幾次完全不同——她敲一下鐵盒，等待著，鈴聲或者鳥兒的啼叫聲響起；她再敲一下鐵盒，然後再等待著，鈴聲或者鳥兒的啼叫聲再次響起。很清楚，孩子不斷重複自己的動作，為的是能夠重新聽到不知從何而來的好聽的聲音。但是你看，孩子繼續敲打鐵盒，聲音卻不再出現，這時她就會一邊喊叫，一邊用力地連連敲打鐵盒，表現出十分滿足的神情。換句話說，孩子用自己的行動表明，她把與她的動作偶然吻合的聲音當成了自己動作的直接結果。

　　對嬰兒的這個實驗研究是皮亞傑理論的基礎，但是，考慮到這種研究方法的合法性，在研究不同階段的兒童思維發展狀況時，皮亞傑轉而採用了另外一種方法，即「內推法」（метод интерполяции）。皮亞傑的觀點是，兒童年齡愈小，他的自我中心就愈強，思維也就愈多地指向於滿足自己的願望。七歲兒童的自我中心比十歲兒童強，三歲兒童的自我中心又比五歲兒童強，如此等等。按照這個方法，我們必定能夠證實，在兒童發展的早期階段是絕對的自我中心在占據著優勢。

　　那麼究竟什麼是「自我中心主義」呢？皮亞傑回答說，「自我中心主義」是一種純粹的唯我主義；這是一種純意識狀態，在這種純意識狀態下，人生活在自己編織的世界裡，除了自己，他不知道有任何的現實。兒童的唯我主義就是這樣的狀

態，一般存在於兒童意識發展的頭幾個階段。在經歷了自我中
心主義的幾個過渡階段以後，合乎邏輯的、現實的成人思維開
始在兒童意識中漸漸地發展起來。

　　為了把話題從兒童自我中心主義轉到有關兒童想像的學
說，有必要簡略地列舉出從早期年齡開始的兒童意識發展經歷
的階段，並且仔細研究兒童意識是怎樣發展的。這樣的階段有
好幾個。和其他所有的研究者一樣，皮亞傑也把這個方面的許
多成就歸功於佛洛伊德。根據這個觀點，下意識（подсознанни
e, unconscious）的活動是想像的原始形式；下意識活動與現實
思維不同，現實思維是有意識地進行的。關於兩者之間的區別，
研究者們首先看到的是，在現實思維中人能夠說出活動的目的、
任務和動機，而被幻想支配的思維不知道自己的基本任務、目
的和動機，所有這些都停留在下意識的範圍。由此可見，它們
的第一個區別在於現實思維是有意識、有理智的，而幻想本身
是下意識的。研究者們看到的第二個區別是它們和現實的關係
不同。發達的現實思維使我們的活動與現實結合在一起，而想
像是這樣的一種活動，它完全服從於唯樂原則，也就是說想像
的功能和現實思維的功能是不一樣的。

　　研究者看到的第三個區別在於兩者與語言的關係。現實思
維可以用語言報告，它是社會的、口頭的。之所以這樣說，是
因為現實思維反映的是外部活動，而外部世界對於以相似方式
構建的各種知覺來說是一樣的，因而現實思維是可以傳遞、可
以交流的；語言是傳遞和表達思想的主要手段，因此現實思維
既是社會的思維，同時又是口頭的思維。事實上人總是或多或
少地在傳達自己思維的內容和思維的過程。相反地，「我向思

維」不是社會的而是個人的，因為我向思維所要滿足的願望與
人的社會活動沒有任何關係。我向思維是非言語的、形象的、
象徵性的思維，這種思維滲透到許多幻想出來的形象結構中，
不是用來傳遞和交流的。

　　研究者們還看到了許多其他的區別，但是對於我們來說，
列舉出這三個就足夠了。可見，在這些研究者看來，初始形式
的想像是下意識的活動，它的任務不是認識現實，而是獲取滿
足，它是一種沒有社會性、不具有可傳遞性的活動。

　　最早站出來反對上述觀點，並且拿出最實際、最有說服力
的事實資料予以批駁的，是一些擅長於從生物學角度思考問題
的心理學家。儘管這些心理學家在某種程度上似乎受到極端生
物學觀點的影響——他們認為人是正在發展中的生物，人原本
沒有社會性，社會性作為外在的第二性的因素，是後來附加到
人身上的。

　　這些心理學家從生物學的角度確認了兩個很有價值的事
實。第一個事實涉及的是動物的思維和想像。荷蘭研究者博伊
堅傑伊克（K. Бойтендейк）做了一個很精確也很有意思的實
驗，和其他一些實驗一樣，這個實驗也證明，在動物界，我們
幾乎找不到在辭彙原義上的我向思維或者幻想的成分。從生物
學的角度很難設想，只提供滿足和快樂而不去認識現實世界的
思維，在系統發育中會最早產生。布洛伊爾說，任何一個動物，
假如與其整個生命活動息息相關的心理活動擺脫了現實的束縛，
也就是說，這個動物的心理活動不再提供牠生存環境的資訊，
不再提供與其心理活動發展水準相適應的周圍現實的影像，這
個動物就一天也不能存活。總而言之，認為在系統發育的序列

（филогенетический ряд）中，想像和思維一開始就指向於獲得快樂，以為海市蜃樓式的思維和幻想是比指向於現實的思維更加初級的意識形式，從理論上講，這種設想是毫無道理的；在現實方面，博伊堅傑伊克等人的實驗也證明這種設想是不符合事實的。

第二類事實來自於對兒童的觀察。研究者們證明，在最早的年齡階段裡我們找不到通過幻想獲得快感的事例。兒童之所以快樂，是因為他們的需求在現實中得到了滿足，他們的歡樂與幻想無關。對此布洛伊爾有很好的論述，他說他從未見過任何一個兒童是因為幻想中的食物而感到高興的，他只見到兒童因為吃到了實實在在的食物而感到滿足和快樂。

兒童對快樂的追求、兒童最初的滿足和喜悅，這些都和實際需要在現實中得到滿足聯繫在一起，它們的結合是如此地緊密，以至追求快樂和滿足成為兒童意識的初始形式。

現實的滿足，如果我們說的是它的簡單形式，那麼它是和需要的滿足聯繫在一起的；而滿足自身的需求是動物生存和活動的一種基本形式。意識從產生的那一刻起就參加到這種活動中，指向於滿足需要和獲取快樂的思維也不會背道而馳。就像布洛伊爾說的那樣，在早期年齡，現實的快樂要在現實中獲取，而不是遠離現實。這些因素與最簡單的需要得到滿足時所產生的強烈快感——這種快感在早期年齡被推到了首位，淩駕在所有其餘因素之上——聯繫在一起，並且受到它的制約。

實際上，關於想像和我向思維具有初始性質的原理，幾乎處處都受到來自研究者方面的許多事實的批駁，這些事實我剛才已經列舉過了。

　　我認為，在所有那些用事實駁斥上述觀點的研究中，揭示兒童言語發展和兒童想像發展之間真實關係的研究顯得最為重要。

　　按照佛洛伊德的觀點和皮亞傑的觀點，我們所看到的兒童初始幻想的一個最重要的特點就在於，在這裡，我們是在和非言語的、因而不能傳遞的思維打交道。

　　這樣一來，在言語思維和我向思維之間就產生了這樣的對立：一種思維形式是言語性質的，而另一種思維形式是非言語性質的。

　　然而研究證明，恰恰是因為掌握了語言，兒童的想像才有可能跨出自己發展過程中非常有力的一步。事實也證明，言語發展遲滯的兒童，想像的發展也非常落後。言語發展有缺陷的兒童，比如因為耳聾而全部或者部分喪失言語交往能力的兒童，想像就十分地蒼白和貧乏，有時甚至完全失去了想像的能力。其實，根據佛洛伊德以及其他一些人的原理，我們也可以推斷，如果兒童的言語沒有得到充分發展、如果言語缺乏或者發展滯後，都會給初始的、不被傳遞的、非言語形式的想像的發展帶來非常不利的影響。

　　這樣，通過對兒童想像活動的觀察，我們發現了想像對言語發展的依賴關係。就像已經確認的那樣，言語發展遲滯本身就是想像發展遲滯的一個標誌。

　　現在看來，是病理學為我們提供了最直觀生動、最令人驚奇、同時也最令人信服的事實材料。就在不久之前，對神經系統疾病進行深入心理學分析的研究得到發展。在這些研究中人們注意到一個非常有意義的現象，德國結構心理學派進行的神

經學研究，第一次對這個現象做出了完全合理的解釋。原來，由於某種腦疾病或是腦損傷而患失語症的病人，不僅完全失去了言語能力（言語理解能力或者是口語表達能力），而且想像能力也急遽下降。他們的想像力可以說降到了零點。

這些病人幾乎不能複述，更不用說自己杜撰某種與他們對現實的直接印象或是直接知覺不相符合的東西。

法蘭克福研究所首次記載了這樣一個病例：一位身體右側癱瘓的病人，他能夠複述聽到的辭彙，能夠寫字，也能夠理解別人的言語，但是他不能夠複述這樣的句子：「我能夠方便地用我的右手寫字」。他總是把「右手」說成「左手」，因為現在他只能用左手寫字。重複和他的現狀不相符合的句子，對他來說是一件完全做不到的事情。實驗得知，他不能一邊望著窗外晴好的天空，一邊重複別人的話說：「現在正在下雨」，或者說「今天的天氣糟糕透了」，可見他完全不能想像此時此刻他沒有見到的東西。如果讓他自己使用和他知覺到的現實不相符的辭彙，情況就更複雜了。比如說，給他看的是一支黃色的鉛筆，卻要他說「這支鉛筆不是黃色」，這非常困難。然而更讓他為難的，是要他說出「這支鉛筆是綠色的」。他不能說出與物體自身特性不相符的物體名稱，比如「黑色的雪」。他不能說出錯誤使用詞組意義的句子。

研究顯示，口語功能嚴重障礙與患者完全不能進行想像活動有關。

我們要感謝布洛伊爾和他的學派，是他們發現了能夠闡明這個問題的事實；他們說明了為什麼言語發展是推動想像發展的強大力量。因為言語把兒童從對具體事物的直接印象中解放

出來，使兒童有可能想像某個沒有見到的物體，並且借助想像去思考這個物體。在言語的幫助下，兒童可以走出直接印象的藩籬，擺脫直接印象的控制。兒童可以用詞語表達那些與眼前的實際物體，或者與頭腦中已有的物體表像不相符合的東西。這就使他能夠隨心所欲，在用詞語標誌的印象世界裡自由地遨遊。

　　研究表明，不僅僅是言語，兒童的生活對想像的發展也有重要的意義，比如學校生活就有這樣的作用。在學校裡，兒童在動手做一件事情之前，需要通過想像耐心細緻地籌畫這件事情。毫無疑問，這種學習活動是形成辭彙本意上的幻想的初始形式，也就是比較有意識地服從一定的智力結構，而不受與現實思維相聯繫的機能制約的初步能力的基礎，這個基礎正是在學齡期奠定的。最後，形成概念——它標誌著過渡年齡階段的到來，是發展最多樣、最複雜的連接、聯繫、組合的極其重要的因素，少年的概念思維已經能夠在單個的經驗成分之間建立起這樣的連接、聯繫和結合。換句話說，我們看到，不僅言語出現這個事實本身直接影響著想像的發展，而且影響言語發展的最重要、最關鍵的因素，同時也是影響兒童想像發展的最重要、最關鍵的因素。

　　因此，對事實的研究不僅沒有證明兒童的想像是無言語的、我向的、沒有明確目的方向的思維形式，恰恰相反，研究處處都發現，兒童想像的發展進程和其他高級機能的發展進程一樣，主要也和兒童的言語聯繫在一起，和兒童與周圍人交往的基本心理形式，也就是和兒童認識的集體活動、社會活動的基本形式聯繫在一起。

　　大家知道，布洛伊爾還提出了另外一個觀點，這就是：我們能夠非常清楚地意識到想像活動的目的和動機，所以，想像活動也可以是有明確目的和方向的活動；這個觀點在事實研究中也得到了證實。

　　至於所謂的烏托邦式的幻想，也就是那種在意識中很清楚地與詞的本義上的現實方面嚴格區分開來、明顯虛構的神話般的表像，就完全不是下意識的活動，而是「有意識」進行的。它們有非常明確的目標，這就是創造現實中沒有、只是屬於未來或者只是屬於過去的某種形象。如果我們以藝術創作為例，比如說以兒童很小就能接受其作品的繪畫和文學創作為例，我們就會知道，這些創作活動中的想像具有明確的目的方向，也就是說它們完全不是下意識的活動。

　　還有，如果我們再來看看所謂的兒童的構建想像，看看所有與變革現實相聯繫的創造性的認識活動，比如工程設計或者工程建造活動，我們隨處都可以看到，對於一個真正的發明者來說，想像的能力是一種基本的心理能力。發明者是依靠想像工作的，而且他的想像活動自始至終都指向他所追求的某個目標。即使是兒童，他在設計自己的行動計畫時，他的想像活動也是在有目的和有方向地進行著。

　　許多的事實使我們不得不承認，研究者們所說的兒童想像所具有的那些特點，他們斷定兒童想像具有原始性質的那些理由都經不起批評，事實證明他們的觀點是不正確的。

　　下面我還想談一個和這個領域有關的問題，談一談想像的情緒方面的問題。

　　兒童心理學注意到一個對於想像活動來說十分重要的事

實，它被稱作想像活動中的「真實情感法則」（закон реальных чувств）。這個法則實質上很簡單，人們是在實際觀察中發現它的。原來我們的情感活動總是和想像活動緊密聯繫在一起。從合乎邏輯的因素看——這些合邏輯的因素是想像出來的形象之基礎，通過想像構建出的形象往往都是非真實的；但是就情感方面而言，這些想像出的形象卻又都是真實的。

　　我用一個簡單的事例來說明這個事實。比方說我走進房間，昏暗中，我把掛在衣架上的一件長衫當成了一個強盜。事後我知道，讓我感到恐懼的想像是錯誤的，但是我對恐懼情緒的體驗卻是真切的，並非對真實情感體驗的虛幻想像。這確實是一個非常重要的事實，可以用來解釋兒童想像發展中的許多特殊現象，也可以用來解釋成人多種想像形式中的許多現象。這個事實的本質在於，想像是一種情緒因素極其豐富的活動。

　　許多心理學家利用這個事實來闡述想像具有初始性質的思想，把它作為自己立論的依據。他們的基本出發點，是認為激情是想像最重要的推動者。

　　你們知道，在臨床上曾經運用觀察的方法來研究我向思維的作用。這些研究的主導思想是：現實思維和幻想思維主要的也是首要的區別在於，在現實思維中情緒的作用是微不足道的，現實思維活動不以主體的願望為轉移，而我向思維活動卻受激情的影響。不能否認常常會有這樣的情況，在這種情況下，想像出來的、由我向思維虛構出來的形象，是影響情緒過程發展的重要因素。因此，當兒童的思維——如果可以這樣簡單說的話——成為情緒誘因的奴僕時，在兒童的情緒過程和思維之間產生這樣一些特殊關係就是很自然的了。這種事情往往發生在

以下情形：現實中某個方面與兒童的能力或需要發生了尖銳的
衝突，或者是由於多種原因，首先是由於教育的原因，兒童產
生了被扭曲的、虛假的、不符合現實的定向。我們能夠看到，
在這種情況下，無論是智力成熟的成年人，還是在社會性方面
發展正常的兒童，都會出現以另外一些形式表現出來、形式獨
特的思維活動。全部的本質在於，這種形式獨特的思維活動服
從的是情緒的需要。這種情況之所以會發生，主要是因為它能
使人從中獲得直接的滿足，與此同時它還可以引發出許多愉快
的體驗；還有就是，許多情緒上的需求和動機也可以通過假想
得到滿足，明顯虛幻的想像成為可以滿足情緒過程的現實事物
的替代品。

於是，在這樣的心理系統中，思維彷彿成為了激情的奴
僕，思維彷彿屈從於情緒的誘因和需要。我們確實有這樣的心
理活動，其特徵就是在情緒過程與思維過程之間形成了一種特
殊的關係。這種心理活動打造出的融合體，我們稱之為「想像
的幻想形式」。

但是，我們還必須注意到另外的兩個事實。就像我們將會
看到的那樣，與情緒因素結合不是想像的唯一基礎，想像也不
只是限於這一種形式。

當現實思維與對人來說非常重要、人從內心深處願意完成
的任務聯結在一起時，比起想像和幻想，現實思維所能激發和
喚醒的情緒體驗往往更加有意義、更加強烈、更加深刻，也更
加真誠，對整個思維系統也會有更大的推動作用。在這裡，事
情的本質就在於情緒和思維過程是以另外一種方式結合在一起
的。

如果說在想像的幻想形式中，思維是在滿足情緒的需求，那麼在現實思維中，我們並未發現情緒邏輯有什麼特別的優勢。在現實思維中機能與機能之間關係複雜，以創造發明和改造現實的活動為例，在這些活動中，想像不受情緒邏輯的任意支配。

通過想像為自己要做的事情設計草圖或者制定計畫的發明者，和按照主觀的情緒邏輯進行思維活動的人，兩者是不一樣的。在這兩種情況下，我們都能看到複雜的活動所可能具有的不同體系和不同類型。

從分類的角度看，把想像看作是許多其他機能中的一種特殊機能，看作是某種以同一樣式有規律地重複的腦的活動形式，這種觀點是錯誤的。應該把想像視為一種更加複雜的心理活動形式，在這個形式中，幾種機能在一種特殊的相互關係中真正地統一了起來。

這些複雜的心理活動形式超出了我們通常稱之為機能的心理過程的範圍。考慮到它們具有複雜的功能結構，把它們稱為「心理系統」（психологическая система）應該是正確的。這種心理系統的特徵在於，在系統內部起主控作用的，是機能之間的相互聯繫和關係。

對多種形式的想像活動的分析，以及對思維活動的分析都顯示，只有把這些活動形式看作是一個一個的系統，我們才有可能描述這些系統內部發生的最重要的變化，也才有可能描述在這些系統中存在的各種依屬關係和聯繫。

現在請允許我對這一講的內容做幾個結論，作為這一講的結束語。我認為這些結論首先應該涉及的問題是：有明確目的和方向的「現實思維」，與臆造的、充滿幻想的「內向思

維」，二者是否真的不可調和，兩者的對抗和對立是否真的存在。如果我們說的是思維的言語性質，那麼我們看到，想像也好，現實思維也好，同樣都可以具有言語的性質。如果我們說的是思維的目的方向性或者思維的自覺性，也就是思維的動機和目的，那麼我們也會發現，無論是「我向思維」還是「現實思維」，都同樣能夠成為目的方向清晰明確的過程；反過來，我們也可以證明，在現實思維的過程中，人也常常不能自始至終地都清楚意識到自己真正的動機、目的和任務。

最後，如果我們仔細研究這兩種過程——想像過程和思維過程——與情緒因素的聯繫，研究情緒過程對思維過程的參與，那麼將會看到，無論是想像還是現實思維，都可能具有最強烈的情緒感染力，在這個方面它們之間沒有對立。相反的，我們也會看到有這樣一些想像形式，它們完全不受情緒、情感邏輯的支配。換句話說，上述那些所謂的「現實思維」與「我向思維」之間的根本對立，其實全都是虛構的、形而上學的、不符合實際的；更深入的研究表明，在這裡我們涉及到的矛盾完全不是絕對的，它們只是具有相對的意義。

除此之外我們還觀察到兩個極其重要的事實，它們印證了引起我們興趣的思維與想像之間的相互關係。

一個事實是，我們發現思維過程和想像過程有一個非常相似、極為接近的地方，這就是它們在發展過程中的主要進步，都出現在個體發育的同一些階段。和兒童思維發展一樣，兒童想像發展的主要轉折時期也和兒童掌握語言的時期相吻合。學齡期既是兒童「現實思維」發展的關鍵時期，也是兒童「我向思維」發展的關鍵時期。換句話說，我們發現，邏輯思維和我

向思維是在非常緊密的相互聯繫中發展起來的。更加深入的研究，使我們敢於用更加確切的措詞描述它們之間的關係：「邏輯思維」和「我向思維」的發展是完全一致的。實際上，無論是邏輯思維還是我向思維，我們都完全沒有觀察到撇開對方、獨自發展的情況。另一個事實就是，我們觀察了一些與指向於現實的創造性活動相聯繫的想像形式，我們發現，在現實思維和想像之間並沒有明顯的界限，想像是現實思維的一個不可分割的部分。

於是在這裡就產生了一些矛盾，從事物的基本原理看，這些矛盾又是合乎規律的。這就是：沒有一定的想像成分，不離開現實，不離開對現實的直接、具體、個別的印象，就不可能有對現實的正確認識。以科學發明和藝術創作為例，你們會發現，要完成發明、創作的任務，在很大程度上要求現實思維參與到想像過程，現實思維和想像過程是以一個整體在發揮作用。

但是，儘管如此，如果把二者視為一體，或者看不到兩者之間現實存在的對立，那也是完全錯誤的。它們的對立：在於想像的特點是與情緒方面聯繫不大，自覺性程度不低，具體性程度適中；這些特性在思維發展的不同階段也有所表現。

讓意識在某種程度上離開現實，成為不同於對現實的直接認識的、相對獨立的意識活動，這對於想像來說非常重要。

除了在直接認識現實的過程中建造形象，人們還在想像中建造形象，並且清楚地意識到這些形象屬於想像構建的領域。構建周圍現實中沒有現成形式的形象的活動，發生在思維發展的高級階段。由此，存在於發展的所有階段的現實思維活動與高級形式的想像活動之間的複雜關係，就變得清晰和易於理解

了。兒童怎樣一邊在某種程度上擺脫先前熟悉的、比較原始的認識方式，一邊為了更加深刻地認識現實而向前邁出每一步，也變得清晰和易於理解了。

任何對現實的更加深入的認識，都要求意識與這個現實的組成成分之間有更加自由的關係，要求意識離開現實明顯可見的外在方面（這些方面是通過知覺直接得到的），要求有愈來愈多的機會和愈來愈複雜的過程，借助於它們，人對現實的認識也變得更加複雜和豐富。

最後我還要說的是，存在於想像和現實思維之間的內在聯繫正在被一個新的問題所補充。這個新的問題和人的活動、人的意識活動的隨意性問題或者意識自由的問題緊密聯繫在一起。在人的意識中產生的自由行動的能力，是和想像，也就是和由於想像活動而產生的意識對現實的特殊定向最緊密地聯繫在一起。

現代心理學，特別是現代兒童心理學的三大基本問題——思維問題、想像問題和意志問題就這樣集結在了一個焦點上。下一講我們將專門討論「意志」的問題。

第六講

意志及其在兒童期的發展

和討論其他所有心理問題時一樣，今天的講座，也還是先簡要地回顧歷史，然後再來討論這個學術問題的現狀。

大家知道，對「意志」問題的理論思考、意志理論的發展，以及對成人和兒童的意志表現的分析，都是嘗試著從兩個方向進行的。其中一個方向通常稱為「意志的他律理論」，另外一個方向通常稱為「意志的自律理論」。

所謂的「他律論」（гетерономная теория）是指這樣的一些理論研究和實驗研究，它們把人的意志行為歸結為一些非意志性質的、複雜的心理過程，歸結為一些聯結的過程或者是精神的過程，試圖以這種方式來解釋人的意志行動。任何試圖在意志活動之外尋找意志過程的因由的理論，都屬於「他律論」的範疇。「自律論」（автономные теории）或者「唯意志論」（волюнтаристские теории）的意志理論，則把意志過程和意志體驗的一致性和既約性作為解釋意志行為的基礎。這個學派的代表人物試圖用意志活動本身的規律來解釋意志活動。

如果我們首先分別審視意志研究中的這兩個方向，然後再加以概括，就會發現這兩種不同的理論有些什麼主要的內容。

在分析各式各樣的自律理論時，我們會發現，在這裡我們是在和兩種最古老的理論──「聯結論」和「唯理智論」打交道。對這兩種理論我就不詳細分析了，因為更準確些說，這兩種理論所能引起的只是對歷史問題的興趣，對它們我只想簡略地提一提。

聯結主義的理論對意志問題的解釋，就其本質而言，與「反射學」和「行為主義心理學」（行為主義）對意志問題的

解釋很相近。根據聯結的理論，以下一些因素是意志活動的主要因素。大家知道，任何的聯結都是可以逆轉的。比如說在記憶實驗中，如果我在第一組無意義音節（我們把它稱作「a」）和第二組無意義音節（我們把它稱作「бэ」）之間建立起了聯繫，那麼，以後我只要聽到「a」組音節，就自然會聯想起「бэ」組音節；反過來也是一樣，聽到「бэ」組音節，自然就聯結起「a」組音節。這個最簡單的現象，在當時被稱做聯結的逆轉定律；其本質被歸結為：成人也好，兒童也好，他們的行為最初都是盲目的、不隨意的、衝動的和反射性的，也就是說他們在實現目的的過程中完全不能自主，他們只是非理性地決定著自己的活動。

但是這種不由自主進行的活動必然會導致某種結果，於是，在活動本身和活動的結果之間就會建立起某種聯繫。因為這種聯結的聯繫是可以逆轉的，因而很自然地，當這種聯繫鞏固到一定程度之後，這個活動過程就可以反轉過來，從原來的結尾動作開始，返回到原來的開頭動作結束，來一個簡單的逆行。下面我舉一個愛賓浩斯曾經引用過的例子。

愛賓浩斯說：如果說兒童最初是出自本能而把手伸向食物的話，那麼，隨著經驗的不斷積累，兒童就會逐漸在吃飽肚子這個結果，和拿取食物這個過程的各個動作環節之間，建立起聯結的聯繫；對於逆轉過程的發生，也就是對於兒童在感到饑餓時有意識地伸手尋找食物來說，有這樣的聯繫也就足夠了。根據愛賓浩斯的定義，意志是在逆轉聯想的基礎上產生的本能；或者，按照他的很形象的說法，意志是意識到自己的目的的「長了眼睛的本能」。

　　另外一些自律論的意志理論，就其本質而言接近於「唯理智論」（интеллектуальная теория）。這種自律論試圖證明，以意志動作的身分呈現的動作，實際上不是意志類型的心理過程的複雜組合，而是本能類型的心理過程的複雜組合。法國、德國、英國的許多心理學家都是這個學派的代表。這個理論的最典型的代表人物就是赫爾巴特（Herbart, J. F., 1776-1841）。

　　從唯理智論者的觀點出發，聯結的聯繫本身並不適合用來解釋意志過程。唯理智論者解釋意志過程的基礎不是「聯結」的概念，而是「意志過程」的概念，而這個「意志過程」在機能發展的過程中是在變化的。至於意志過程的本性，他們是這樣理解的：在發展的低等階段，意志過程是本能的、反射的、衝動的動作；然後是因為形成了習慣而變得完善的動作；只是到了最後，才是有理智參與的動作，即意志動作。

　　赫爾巴特的學生們說，每一個行為都是有意志的行為，這是因為每一個行為都是有理智的行為。

　　聯結論也好，唯理智論也好，都有一個共同的特點，這就是它們都試圖把意志過程歸結為存在於意志過程之外的、性質比較簡單的過程；都不是用足以解釋意志過程的事實，而是用處在意志過程以外的事實來解釋意志過程。

　　聯結主義和理智主義的意志理論既然存在著這種根本性的缺陷，它們在基本觀點上的錯誤就更不用說了。但是今天我不想和大家討論這個方面的問題。我認為，強調上述意志理論的積極面，比起強調它們的消極面有更重要的意義。正是這些理論所包含的積極因素，使它們達到它們之前的意志理論從來沒有達到過的高度；但是，這個積極因素卻因為與唯意志論相悖

而沒有受到重視。這是一粒包含在聯結主義和理智主義意志理論中的真理的種子，是決定論思想在意志領域激起的一股熱情，這股熱情滲透到了整個的意志學說。這也是反對中世紀唯靈論的一次嘗試。唯靈論把意志說成是「心靈的基本力量」，意志是不能用決定論的觀點來審視的；而聯結主義者和決定論者都試圖從理論上解釋和論證一個問題：人的適合目的的、自由的意志動作，是通過什麼方式、因為什麼原因、在怎樣的生物學基礎上產生的。

　　理智主義的意志理論特別重視、特別強調的，恰恰也就是這樣一些方面，即解決任何一個問題，都要把實驗放在第一位；人對自身情境的理解，人對情境的理解與人的動作之間的內在聯繫，以及在理解情境的基礎上做出的動作所具有的自由和隨意的性質等等，都是首先應該研究的課題。

　　上面我們提到的這些理論所面對的困難，是它們無法解釋意志中的一些最重要的東西，也就是說，對行為的意志性質，對行為的隨意性、對人在做出某個決定時所體驗到的內心自由，以及對不同於非意志行為的意志行為在外部結構上的多樣性等等，它們都無法做出解釋。

　　這樣，就像舊理論不能解釋理智方面的一個最重要的問題，即非理性活動以怎樣的方式變成了理性活動一樣，舊理論也同樣不能解釋非意志活動以怎樣的方式變成了意志活動。這就導致了許多心理學理論的產生，但是這些理論不是用科學的方法，而是試圖用形而上學的方法來解決這個問題。自律論的理論就是其中的一種。自律論的理論把意志理解為某種初始的、與其他心理過程沒有有機聯繫的東西，試圖用這樣的辦法來解

決意志的問題。

第二類理論，也就是意志的「激情理論」（аффективные теории），是向這些理論過渡的中間環節。這個學派最耀眼的代表人物是馮特（Wundt, W. M., 1832-1920）。儘管馮特的「意志」實際上是從「激情」引申出來的，然而在心理學史上，他卻以唯意志論者的身分而聞名遐邇。馮特的觀點是：聯結的理論和理智主義的理論，都把從意志過程中抽取的、對於意志過程來說最無關緊要的東西拿來解釋意志過程，排除了實際存在的、現實的因素；要知道，在主觀方面，這些實際存在的現實因素能夠使人產生獨特的心理體驗，而在客觀方面，這些因素在意志過程中引起的心理體驗與人的活動的聯繫，要比其他性質的體驗緊密得多。

馮特說，用「記憶」解釋意志，是聯結論者的特點，用「理智」解釋意志，是唯理智論者的特點，然而解釋意志的真正途徑應該是「激情」。實際上激情首先是一種積極的狀態，也就是這樣一種狀態，可以說它既具有清晰緊張的內在內容，又具有積極主動的外在活動。馮特指出，如果我們想在真正的原型結構中尋找動作的發生學的原型，我們就應該想像一個被緊緊追趕的人或是一個極度驚恐的人，想一想他的狀況。再現一下當時的情景，我們就會看到一個因為處於強烈的激情狀態而不能進行正常智力活動的人。以這種方式，我們就能找到對於意志過程來說最為重要的東西，這就是和內在的體驗直接聯繫的外部活動的積極性。所以，激情是意志的原型，以這種激情動作為基礎，經過一番改造，就產生了詞的本意上的、真正的意志過程。

　　無論是馮特的激情理論，還是其他一些可能表述得更為清晰的情緒和激情的意志理論，在這裡我們都不打算詳細考察。因為馮特本人的一隻腳站到了唯意志論者的立場（馮特的哲學公開站到了唯意志論者一邊，因此馮特也以一個唯意志論者的身分揚名心理學界），而他的另一隻腳卻仍舊留在了原先的他律論的立場，所以，對於我們來說，更為重要的事情，是勾畫出這個問題的發展環節。從這一個個的發展環節中，我們可以看到意志理論是怎樣一隻腳踏在錯誤的道路上，歷史地、片面地發展起來的。正是這樣一種狀況，導致了這些理論從自身內部解體，蘊含在其中的那些正確觀點也就隨之化為烏有。

　　意志自律論的依據是：解釋意志的途徑不是記憶，不是理智，也不是激情，而是意志自己。對於這種理論來說，「活力」（активность）是最初的本源。哈特曼（Hartman, E., 1842-1906）和叔本華（Schopenhauer, A., 1788-1860）是這個理論的代表。他們認為，主宰意志的是一種超人的因素，是某種永恆的宇宙活動，它迫使人的所有力量絕對服從自己，迫使人沒有理性地去追求某一個目的。

　　除了對意志的這種解釋，「無意識」（бессознательное, nonconsciousness）的概念也走進了心理學。長久以來阻礙意志學說繼續發展的癥結就在於此。把無意識概念引進現代心理學，這是對包含在唯理智論中的那種唯心主義形式的勝利。幾乎所有無意識學說的代表人物都在某種程度上具有叔本華學派的特點，也就是說在一定程度上都在用唯意志論的觀點看待人的心理的本性；像佛洛伊德這樣的一些學者，近來也在附和這種觀點。

今天我們不討論這種唯意志論理論的各個方面，也不討論它的各種變式。為了能夠簡要地敘述我們思想的發展進程，我們只談兩種極端的理論，所有的理論都在這兩個極端之間搖擺；然後我們再嘗試著尋找這些理論把哪些普遍的、新的東西帶進了心理學。下面我們首先談談這兩種極端的理論。第一種理論認為，意志是某種與人的個性的意識方面始終格格不入的原始的東西；意志是某種原始的力量，它以同等的力度推動著生命的物質方面和生命的精神方面。站在另一個端點上的是唯靈論者的意志理論，在歷史淵源上，這種意志理論的代表人物和笛卡爾哲學（Descartes, R., 1596-1650），並且通過笛卡爾哲學和中世紀的宗教哲學聯繫在一起。大家知道，「精神起源」（духовное начало）是笛卡爾理論的基礎，這個精神起源彷彿能夠控制人的整個精神，並且因此而支配人的所有行為。

事實上，這種笛卡爾式的意志理論是在唯靈論的意志學說中誕生，並且在唯靈論的意志學說中發展的。在上個世紀最後四分之一的時間裡，唯靈論的意志學說在唯心主義心理學中占據了統治地位。比如詹姆士的理論就是這樣的。我們把詹姆士的體系和一些最不相同的理論和趨勢合併在了一起。比如說，身為一個實用主義者，詹姆士在回答所有的問題時，都力求避免做出任何唯靈論的和形而上學的解釋，但是意志問題卻除外。詹姆士創造了他稱之為「菲亞特」的意志理論。「菲亞特」是一個拉丁語詞彙，取自《聖經》，意思是「有上帝保佑，一切都聽天由命吧！」在詹姆士看來，每一個意志行動都會有少許這樣的意志力參與，而且它常常偏向最微弱的心理過程。比方說，一個病人躺在手術台上，他疼痛難忍，他很想大聲地喊叫，

然而他卻十分安靜地躺在那裡，把自己託付給醫生。詹姆士說，這就是意志力和隨意行為的一個鮮明的例子。

詹姆士說：試問，這個不顧直接衝動的扯拽、行為方式完全與直接衝動相悖的人，他的外在表現究竟說明了什麼？

詹姆士認為，這個人的外在表現說明馮特的激情理論是完全站不住腳的。因為，如果依照馮特的理論，我們就應該承認，迫使病人躺在那裡的，是比疼痛更為強烈的激情。詹姆士說，但是，很明顯，以為病人不叫喊的念頭比叫喊的念頭更加強烈，這種認識是非常荒謬的。實際上他想叫喊的念頭要比沈默的念頭強烈得多。用內省法分析人的行為，和用客觀方法分析人的行為，兩者得出的結果不一致，這就迫使我們不得不做如下的思考：在這裡，人的行為走的是一條抗拒力最大的路線，也就是說人的行為違反了物理學的宇宙規律，是一種例外的情況。那麼，究竟應該怎樣理解精神現象和物質現象的這種關係呢？

在詹姆士看來，類似的事實用馮特的理論是無法解釋的。因為，若是堅持馮特的觀點，我們就必須承認，如果這個人還能夠繼續躺在手術台上，那麼很顯然，他的身體組織是興奮的，而且這時他的身體與直接衝動的對抗也應該是最小的；也就是說，這時我們所面對的不是某種游離在物理學規則之外的東西，而是證實物理學規則存在的一個證據。但是這樣的事情怎麼會發生呢？要回答這個問題，我們就必須假設在這裡有某種精神的能量在發揮作用；這種精神能量和最微弱的衝動相結合，從而保證它最終戰勝比它強大得多的因素。詹姆士曾經在一封信中形象地說過，任何一個意志行動都會使人想起神話中達維德和巨人戈利阿夫搏鬥的故事。達維德在上帝的幫助下最後戰勝

了巨人戈利阿夫。這裡的情況也是一樣：是少許的創造性本源、精神的能量在干預行為過程，從而改變了行為的進程。

在其他一些理論裡，比如說在柏格森的理論裡，用來作為出發點的，是柏格森在確定了直覺主義方法的實質以後，稱之為「對意識的直接資料的分析」的東西。柏格森通過對直接體驗的分析，為自由意志以及自由意志的獨立性和永恆性尋找證據。和詹姆士一樣，柏格森也確實成功地證明了一個為人熟知的事實，這就是在體驗的系統中，我們能夠把自己感到好像不能自主的動作，和那些自己感到能夠自如或者自主的動作區分開來。

這樣一來，我們就看到了完全相反的兩種類型的唯意志論。一種類型的唯意志論把意志看作是原始的宇宙力量，它體現在每一個人的身上；另一種類型的唯意志論則把意志看作是一種精神的本源，這種精神本源滲入到物質的、神經的過程，保證它們之中最微弱的過程能夠取得勝利。這兩類理論有哪些共同之處呢？它們的共同之處在於，它們都認為意志是某種原始的、從來就有的、不參加許多基本心理過程的東西；意志和人的其他所有心理過程都不相同，是一個罕見的例外；意志過程是不能用決定論和因果論來解釋的。

特別要指出的是，在意志行動方面，除了因果心理學，還第一次出現了目的論的心理學理論。這種理論不是在指出原因的基礎上解釋意志行為，而是用這些行為的目的，即意志行為的動機來解釋意志行為。

可以這樣說，儘管從整體上講，這些唯意志論的理論在科學意志學說的歷史發展中是極為反動的，但是它們依然有值得

肯定的方面，這就是：它們始終把心理學家的注意力集中在意志所特有的一些現象上，始終使自己的學說和那些總想把十字架放置到意志過程的觀念相對立。順便說說，它們起過的第二個作用是：它們首次使心理學分裂成兩個不同的趨勢——向著自然科學的因果論方向發展的趨勢，和向著目的論方向發展的趨勢。

現在讓我們嘗試著從上述審視中得出一個結論，看看所有的現代研究者，無論屬於什麼樣的流派，他們在解決意志問題時都在為哪些基本困難所困擾，看看意志問題出了一道怎樣的難題讓我們這一代的研究者來破解。主要的困難和難題就是：一方面，必須解釋被決定的、有原因的、受到制約的所謂意志過程的自然進程，必須以科學的方式解釋這個過程，而不是動用宗教的觀念；另一方面，在對意志過程進行科學解釋的同時，還必須保留意志所固有的、通常稱之為意志行動的隨意性的特點，也就是人在一定的環境中用自主的動作去完成被決定的、有原因的、受制約的事情的特點。換句話說，對自主的意志過程的感受問題——正是這種主觀體驗把意志動作和其他動作區分了開來——是一個主要的難題，最不相同的流派的研究者們都在為解決這個難題而盡心竭力。

還有幾種關於意志的結論來自對意志的現代實驗研究。有一個很有意義的嘗試，就是用實驗的方法把理性動作和意志動作區分開來。這個實驗是由柏林學派的考夫卡完成的。考夫卡說，理性動作本身還不是意志動作，無論是從目的方面看，還是從主觀感受方面看，或是從結構、機能方面看，這些動作都不是意志動作；可是人們以前認為，所有的動作，無論是衝動

的動作，還是機械的動作、隨意動作，統統都是意志動作。考夫卡一方面重複了苛勒的一部分實驗，另一方面又組織了一些新的動物實驗和人的實驗，因而他能夠證明，從結構上看，人的有些動作不是真正意義上的意志動作。他用另外一些例子也成功地證明了相反的情況，即有些理性成分很不明顯的動作，卻是真正的意志動作。這樣一來，考夫卡的研究就似乎把理性動作和意志動作區分了開來，它一方面縮小了意志動作的範圍，另一方面又使人進一步看到了人的動作所具有的多種多樣的形式。

勒溫在「激情－意志」過程方面做了類似的研究。大家知道，勒溫研究的是「激情－意志」動作的結構，他試圖證明人的激情活動和意志活動基本上是建立在同一個基礎上的。但是勒溫很快就發現了一些事實，對此他是這樣概括的：原來，情緒動作本身還完全不是意志動作，許多總是被心理學當作典型意志動作的動作，事實上並沒有表現出真正的意志動作的本性，它們只不過是和意志動作相近而已。

勒溫在這個方面的第一項工作是這樣一項實驗研究，在舊實驗心理學看來這項實驗明顯是阿赫實驗的變種。勒溫先把這個實驗用於訓練精確的動作，也就是訓練對條件信號的應答動作；然後把它擴大到用於研究許多種動作，其中包括建立在意願基礎上的動作。勒溫的這項研究得到的主要事實是：甚至許多指向將來、與人的意願相聯繫的動作，實際上都是按照隨意的激情動作的形式進行的；換句話說，這些動作是和勒溫稱之為「緊張」或「張力」（Spannung）的狀態相聯繫的。

勒溫根據類似的一些實驗也得出了這樣的結論：如果我寫

好一封信，把信放進上衣口袋，隨即有了將之投進郵箱的打算，那麼這個動作本身是無意識的，是在不經意間完成的，儘管從外部結構上看，這個動作和我們按照預定計畫進行的有意動作，即意志動作非常地相像。

和考夫卡的實驗一樣，在這裡，某些意志動作也被歸結為在結構上與意志動作相近，但是又不具有意志動作特點的激情動作和不隨意動作。只是在此之後勒溫才證明，人的一些活動儘管表現出同樣的規律性，但是它們的形式卻是多種多樣的。

勒溫確實從反面非常貼近了意志的問題。他在對兒童和成人的類似實驗中注意到一個非常有意思的現象，這就是成人能夠形成任何的意願，甚至是沒有意義的意願，兒童卻沒有這個能力。在意志發展的早期階段，兒童不能形成任何的意願。每一個情景都在制約兒童可能形成的意願的範圍。就像勒溫所形象描述的那樣，這是意願的萌芽，但不是已經誕生的意願。勒溫首先研究了所謂的「任何的、甚至沒有意義的意願」的形成，研究了它們在形成過程中的隨意性，儘管這種隨意性應該是有條件的。我們成年人也不能形成那些與我們的基本立場或者基本道德觀念相違背的任何隨意的、沒有意義的意願。即使是一組範圍廣泛、與我們的基本立場沒有衝突的動作，我們也只是在與它們的聯繫中形成任何一個意願；這樣就可以把成人發達的意志和兒童不大發達的意志區分開來。

第二個事實，是勒溫查明了意志動作的結構。他指出，一些形式極為簡單的意志動作，也具有非常特殊的表現。德國的神經學家、精神病學家戈爾德施泰因和格爾布後來研究了意志動作的這些特殊表現，試圖對它們做出合理的神經學的解釋。

　　勒溫得出結論說，在意義不明確的實驗情境中，人彷彿是在借助一個特殊的機制在外部尋找支點，他要通過這個支點來決定自己的某個行為。勒溫設置了許多意義不明確的實驗情境，其中一個情境是這樣的：實驗者不做任何說明就離開了受試者，長時間地躲在另外一個房間裡觀察受試者的舉動。通常在這種情況下，受試者會耐心地等待十至二十分鐘，然後他就不知道該怎麼辦了，久久處於不知所措、猶豫不決的動搖狀態。在這個情境中，勒溫的成年受試者會做出各種不同的行為反應，但是幾乎所有的受試者都有一個共同的特點，那就是他們都會在外部為自己下一步行動尋找一個支點。一位女性受試者的表現是個典型的例子，她根據時針走動的位置來決定自己的下一步行動。她看著牆上掛著的時鐘，心想：「分針一走到『6』的位置我就離開」。可見受試者使情境發生了改變。比方說她決定等到兩點半，於是兩點半一到，她就起身走了，這時她的行動已經是一種自動進行的機械行動。受試者用這個辦法改變了心理場，或者像勒溫說的，受試者在這個心理場裡為自己建立起一種新的情境。於是她走出了茫然狀態，眼前的情境彷彿變得又有意義了。不久以前，在考夫卡訪問莫斯科期間，我有機會了解到一些類似的實驗，比如堅博（T. Дембо）對沒有明確意義動作的實驗。堅博把一些沒有明確意義的任務交給受試者，看他做何反應。受試者在完成這些沒有意義的任務時，表現出一種非常有意思的傾向：他們想方設法建立新的情境，或者說改變原來心理場，通過這種途徑理解這些任務。在新的情境中他們期待的是被他們理解的有意義的動作，而絕不是原來的沒有意義的動作。

　　請允許我略去許多細節，很簡略地講一個對於兒童意志機能發展極有意義的特殊機制，戈爾德施泰因曾經指出過這個機制。戈爾德施泰因在對神經病患者的實驗中注意到一個非常有趣的現象，這個現象是每一個心理學家都可能碰到的：病人在一個詞的指令下不能完成的動作，在另一個詞的指令下卻能夠完成。比如說你請病人閉上眼睛，他很聽話，竭盡全力想把眼睛閉上，但是他做不到。這時你可以換一個方式提出你的要求：「請做給我看看，您是怎樣躺著睡覺的」。於是病人做出躺下睡覺的樣子，同時很輕鬆地閉上了雙眼。下一次再讓他閉上眼睛，只要用這個指令就足夠了，他可以完成這個動作。一個簡單的動作，病人聽到一個指令做不出來，聽到另外一個指令就做出來了。

　　戈爾德施泰因純粹從結構方面對這個現象做出了解釋。他說：因患流行性腦炎而發生運動障礙的病人，他的意識結構發生了改變，因此有些動作就無法完成。簡單地說，舊時的神經學家認為，「閉上眼睛」這句話引起的興奮傳達到了大腦的某個中樞，但是它找不到從這裡通往眼睛運動中樞的道路。病人明白「閉上眼睛」這句話的意思，他願意這樣做，也能夠這樣做，但是疾病使相應的機能受到損傷，兩個中樞之間的聯繫被破壞了。可是新時代的神經病理學家卻認為，這是基於某種情境而產生的非常複雜的結構；在這種情境中，任何一個不能被該情境誘發的結構和動作都不可能形成。但是，當您讓病人做出躺著睡覺的樣子時，他面臨的不是一個他應該將之引進新的複雜結構的孤立動作，而是一個比較完整的情境。

　　戈爾德施泰因認為，一個真正的意志動作，它的神經結構

應該具備這樣一些條件：這時在皮層上兩點之間形成的不是一條直達的通路，而是一個只能間接導致動作完成的結構。這個過程的起點引起神經系統內部構建新的、複雜的結構，這個新的複雜結構，可以用在原有結構的基礎上建立新的輔助結構的辦法建立起來。他認為只有在這種情況下，我們才真正是在和意志過程打交道。除了兩點之間牢固、穩定的通道，結構和結構之間也可能有複雜的間接聯繫。這種複雜的間接聯繫可能通過一些具有一定結構的、複雜的、具有仲介作用的形成物來實現。當兩點之間的直接聯繫中斷時，這個間接的聯繫系統就會被啟動。

因此，有可能出現某種新的結構系統，在這個結構系統中，全部三種因素彼此結合在一起。戈爾德施泰因認為，決定把時鐘指針的位置當作離去信號的受試者，建立起來的就是這樣一種機制。戈爾德施泰因在分析這個事實時引進了以下新的見解：他認定在舊心理生理學中占據統治地位的觀點，也就是似乎對某個活動過程的監控愈是複雜，這個活動進行得就愈是直接的觀點是沒有根據的，與此同時，他賦予外部言語非常重要的意義。看起來，當一個人說著話，完全聽命於自己，完全執行自己個人的指令時，我們是在和這樣的結構打交道。

在結束這次講座之前，我想列舉幾個應該受到我們重視的問題。這些問題是：從最初按照詞的指令完成簡單的隨意動作開始，到最後完成複雜的意志動作為止，在其中的哪一個階段，兒童意志的發展是直接取決於兒童的集體活動？兒童在進行簡單的意志活動時，他在多大程度上是在運用成人對待他的方式來對待他自己？兒童的意志行為在多大程度上是以他的社會行

為在對待自我方面的一種特殊形式表現出來的？

　　假如你經常強迫孩子按照「一、二、三」的口令行事，那麼日後孩子自己也會習慣於這樣精確刻板地做事，比方說就像我們做跳水動作一樣。我們常常知道自己應該做些什麼事情，比如詹姆士舉過的一個例子：該起床了，但是我們不想起床，而且無論如何我們也找不到一個讓自己信服的起床理由。在這個時候，是給自己的建議在從外面幫助我們。就像詹姆士說的，我們會不知不覺地為自己找到一個起床的理由。把所有這些資料綜合起來，按照不同的年齡階段進行跟蹤研究，從中揭示兒童意志發展所經歷的各個特殊時期或者特殊階段，這是一件極其重要的事情。

　　今天我省略這一部分內容不講。我想在最後指出以下事實，作為今天講座的結束語：現在我們在意志領域擁有相對來說比較少有的機會，這就是病理心理學領域的理論研究，無論是神經心理學方面的，還是發生心理學方面的，都彼此一致。這些研究使我們有可能用一種新的方式去解決最重要的心理學問題。

國家圖書館出版品預行編目資料

心理學講座 / Lev Semyonovich Vygotsky 作；
　　羅亦超譯. -- 初版. -- 臺北市：
　　心理, 2005（民 94）
　　面；　公分. --（心理學; 20）
　　ISBN 957-702-766-0（平裝）

　　1. 兒童心理學

　　　173.1　　　　　　　　　　94001926

心理學 20　　　　**心理學講座**

作　　者：Lev Semyonovich Vygotsky
譯　　者：羅亦超
總 編 輯：林敬堯
出 版 者：心理出版社股份有限公司
社　　址：台北市和平東路一段 180 號 7 樓
總　　機：(02) 23671490　　傳　　真：(02) 23671457
郵　　撥：19293172　心理出版社股份有限公司
電子信箱：psychoco@ms15.hinet.net
網　　址：www.psy.com.tw
駐美代表：Lisa Wu　　Tel: 973 546-5845　Fax: 973 546-7651
登 記 證：局版北市業字第 1372 號
電腦排版：辰皓國際出版製作有限公司
印 刷 者：翔盛印刷有限公司
初版一刷：2005 年 4 月

定價：新台幣 180 元　　　■有著作權‧侵害必究■
ISBN 957-702-766-0

讀者意見回函卡

No._____ 填寫日期： 年 月 日

感謝您購買本公司出版品。為提升我們的服務品質，請惠填以下資料寄回本社【或傳真(02)2367-1457】提供我們出書、修訂及辦活動之參考。您將不定期收到本公司最新出版及活動訊息。謝謝您！

姓名：_____ 性別：1□男 2□女

職業：1□教師 2□學生 3□上班族 4□家庭主婦 5□自由業 6□其他____

學歷：1□博士 2□碩士 3□大學 4□專科 5□高中 6□國中 7□國中以下

服務單位：_____ 部門：_____ 職稱：_____

服務地址：_____ 電話：_____ 傳真：_____

住家地址：_____ 電話：_____ 傳真：_____

電子郵件地址：_____

書名：_____

一、您認為本書的優點：（可複選）

　❶□內容 ❷□文筆 ❸□校對 ❹□編排 ❺□封面 ❻□其他____

二、您認為本書需再加強的地方：（可複選）

　❶□內容 ❷□文筆 ❸□校對 ❹□編排 ❺□封面 ❻□其他____

三、您購買本書的消息來源：（請單選）

　❶□本公司 ❷□逛書局⇨_____書局 ❸□老師或親友介紹

　❹□書展⇨____書展 ❺□心理心雜誌 ❻□書評 ❼其他_____

四、您希望我們舉辦何種活動：（可複選）

　❶□作者演講 ❷□研習會 ❸□研討會 ❹□書展 ❺□其他____

五、您購買本書的原因：（可複選）

　❶□對主題感興趣 ❷□上課教材⇨課程名稱_____

　❸□舉辦活動 ❹□其他_____ （請翻頁繼續）

 心理出版社 股份有限公司

台北市 106 和平東路一段 180 號 7 樓

TEL: (02) 2367-1490
FAX: (02) 2367-1457
EMAIL:psychoco@ms15.hinet.net

沿線對折訂好後寄回

六、您希望我們多出版何種類型的書籍

❶□心理 ❷□輔導 ❸□教育 ❹□社工 ❺□測驗 ❻□其他

七、如果您是老師，是否有撰寫教科書的計劃：□有□無

書名／課程：＿＿＿＿＿＿＿＿＿＿＿＿＿＿＿＿＿＿＿＿

八、您教授／修習的課程：

上學期：＿＿＿＿＿＿＿＿＿＿＿＿＿＿＿＿＿＿＿＿＿＿＿

下學期：＿＿＿＿＿＿＿＿＿＿＿＿＿＿＿＿＿＿＿＿＿＿＿

進修班：＿＿＿＿＿＿＿＿＿＿＿＿＿＿＿＿＿＿＿＿＿＿＿

暑　假：＿＿＿＿＿＿＿＿＿＿＿＿＿＿＿＿＿＿＿＿＿＿＿

寒　假：＿＿＿＿＿＿＿＿＿＿＿＿＿＿＿＿＿＿＿＿＿＿＿

學分班：＿＿＿＿＿＿＿＿＿＿＿＿＿＿＿＿＿＿＿＿＿＿＿

九、您的其他意見

謝謝您的指教！　　　　　　　　　　　　　　　　11020